T0149287

Printed in the United States
By Bookmasters

أصول
البحث العلمي

أصول
البحث العلمي

أ.د.عبد الرحمن حسين العزاوي

بسم اللـه الرحمن الرحيم

الطبعة الأولى

رقم الإيداع لدى دائرة المكتبة الوطنية (2005/3/636)

371.2

العزاوي، عبد الرحمن حسين

أصول البحث العلمي / عبدالرحمن حسين العزاوي

عمان :دار الخليج ،2005

ر.أ: (2005/3/636)

الواصفات :/الأبحاث//المعلومات الثقافية/

تم إعداد بيانات الفهرسة والتصنيف الأولية من قبل دائرة المكتبة الوطنية

عمان-العبدلي-مجمع جوهرة القدس طM

تلفاكس :4647559 6 00962

ص.ب. :184034 عمان 11118 الأردن

e-mail:daralkhalij@hotmail.com

المحتويات

الفصل الخامس
المخطوطات العربية التاريخية
وقواعد تخطيطها

الفصل السادس

موضوعات منهجية

مقدمة

إن البحث العلمي ضرورة اقتضتها الطبيعة الأكاديمية في بناء الشخصية ونموها وتطورها في هذا المجال الحيوي المهم، وكذا الحال بالنسبة لمن يريد الاستزادة في المعرفة البحثية، لخدمة المسيرة العلمية ونجاحها.

والبحث هو: عرض مفصل أو دراسة متعمقة، و كشف لحقيقة جديدة، أو التأكيد على حقيقة قديمة مبحوثة، وإضافة شيء جديد لها، أو حل لمشكلة كان قد تعهد شخص بتقصيها وكشفها وحلها، على أن يشتمل هذا العرض أو الدراسة على المراحل الأساسية كافة التي مر بها ابتداء من تحديد المشكلة أو طرح الفكرة إلى دعم البيانات والمعلومات في العرض...

والبحث هنا هو: الجهد المبذول من قبل الباحث بذاته، أو بمساعدة الآخرين أو المشاركة معهم أو الإشراف عليه، ويشمل طلبة الدراسات الأولية (الجامعية) وطلبة الدراسات العليا (الماجستير والدكتوراه) والبحوث الشخصية أو الأكاديمية.

وعمل هذه البحوث يحتاج إلى المنهجية العلمية في دراستها والولوج في كوامنها والوصول إلى غاياتها.

مما دفع المؤسسات العلمية العربية في تبني هذه المنهجية والتأكيد عليها، والتأليف فيها فكان عملي هذا جهدا متواضعا، ولبنة في صرح العلم والمعرفة لخدمة الإنسان والوطن والأمة.

لقد وقفت على مصنفات معاصرة عديدة في هذا المضمار، وهي مثبتة في ثنايا البحث التي لها السبق والفضل في إنجاز هذا البحث بالشكل الذي نطمع أن ينال الرضى.

أفتتح البحث بمقدمة أعقبها الفصل الأول الذي تصدى لدراسة البحث (تعريفه، فائدته، مناهجه، وأنواعه) والباحث (تعريفه، وشروطه..).

أما الفصل الثاني، فقد بحثت فيه اختيار الموضوع (شروط اختيار الموضوع، تعديل موضوع البحث وتغييره، وتعديل خطة البحث).

وعني الفصل الثالث في أسلوب البحث وقواعده (شروط البحث، كتابة مسودة البحث، وكتابة مبيضة البحث).

أما الفصل الرابع الذي شمل الوثائق والمعاهدات والنشرات وغيرها مـن خـلال تعريفهـا وكذلك تبيان أنواعها.

وتناول الفصل الخامس والأخير -المخطوطات العربية التاريخية وقواعد تحقيقها.

وأعقب هذا الفصل الأخير والذي حمل موضوعات منهجية منها:

مسألة الهوامش، ثبت المصادر والمراجع، والأيام والشهور، والبحث في حساب المسافات، والبحث عن المفردات العربية في المعاجم والقواميس اللغوية، وعلامات الوقف أو الترقيم.

وختم البحث بخاتمه متواضعة مع ثبت بالمصادر والمراجع التي عول عليها البحث.

على أنا نعتذر من تقصير إن كان، ونتنصل من إغفال أو عرض لما قد شاب خواطرنا، وغمر قلوبنا..

والتوفيق من الله لما ألتمسه وأتمناه..

المؤلف

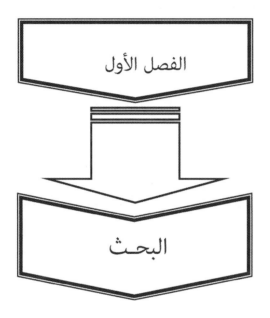

الفصل الأول

البحث

13

الفصل الأول
البحث

أولا : البحث

1- تعريف البحث لفظا واصطلاحا:

للوصول إلى مفهوم واضح لكلمة البحث التي هي أساس دراستنا هـذه سـنذكر تعـاريف عدة ترسم الطريق أمام الطالب لمعرفة معنى هذا المصطلح، والمعنى الاشـتقاقي لكلمـة البحـث تدل على الطريق أو المنهج إلى الغرض المطلوب خلال المصاعب والعقبات.

مفهوم البحث هو:

مجموعة من القواعد العامة المستخدمة من أجل الوصول إلى الحقيقة في العلم أو بمعنى أوضح الطريق المؤدية إلى الكشف عـن الحقيقـة في العلـوم بوسـاطة طائفـة مـن القواعـد العامـة تهيمن على سير العقل، وتحدد عملياته حتى يصل إلى نتيجة معلومة[1].

وهناك تعاريف أخرى لمصطلح البحث تختلف عن التعريف السابق أحيانا وتتشابه معـه في أحيان أخرى، ومن أهم هذه التعريفات ما يأتي:-

---

(1) عبد الرحمن بدوي، مناهج البحث العلمي، ط3، الكويت، وكالة المطبوعات 1398هـ/1977م، ص5.

* البحث هو محاولة لاكتشاف المعرفة والتنقيب عنها وفحصها وتحقيقها بتقص دقيق وبنقد عميق، ثم عرضها بشكل مكتمل وبذكاء وإدراك لتسير في ركب الحضارة الإنسانية وتسهم فيه إسهاما إنسانيا حيا وشاملا.

* البحث هو دراسة دقيقة مضبوطة تستهدف توضيح مشكلة وحلها وتختلف طرقها وأصولها باختلاف طبيعة المشكلة وظروفها[1].

أما التعريف الأخير للبحث فهو واقع ودال وشامل حيث يقول فيه الدكتور علي جواد الطاهر بأن البحث هو (طلب الحقيقة وتقصيها وإذاعتها في الناس.، ويدخل في هذا المعنى الشمولي في القصد أن يرى باحث بارع عناصر الإنسانية بمعناها الواسع خلال موضوع محلي يبدو ضيقا جدا)[2].

والتعريف الأخير هو أكثر التعاريف تصورا لمعنى كلمة البحث وعملية البحث، حيث تقول فيه الكاتبة ثريا عبد الفتاح ملحس:(إن البحث هو محاولة لاكتشاف المعرفة والتنقيب عنها وتطويرها وفحصها ثم تحقيقها بتقص دقيق ونقد عميق ثم عرضها بشكل مكتمل وبإدراك حتى نسير في ركب الحضارة العالمية ونسهم فيه إسهاما حيا شاملا)[3].

وعلى أساس ما تقدم من التعريفات بالبحث وفي ضوء التجارب في هذا الميدان نصل إلى أن البحث هو:

---

(1) حلمي محمد فودة وعبد الرحمن صالح عبد الله، المرشد في كتابة الأبحاث، عمان، دار الفكر – عمان 1395هـ/1975م، ص11.
(2) منهج البحث الأدبي، ط3 مطبعة أسعد، بغداد – 1396هـ/1976م، ص26.
(3) منهاج البحوث العلمية للطلاب الجامعيين – دار الكتاب اللبناني – بيروت 1380هـ/1960م، ص24.

(عرض مفصل أو دراسة متعمقة يمثل كشفا لحقيقة جديدة أو التأكيد على حقيقة قديمة مبحوثة، وإضافة شيء جديد لها أو حل لمشكلة مكان قد تعهد شخص بتقصيها وكشفها وحلها على أن يشتمل هذا العرض أو الدراسة على المراحل الأساسية كافة التي مر بها، ابتداء من تحديد المشكلة أو طرح الفكرة إلى دعم كافة البيانات والمعلومات الواردة في العرض بحجج وأدلة وبراهين ومصادر كافية ووافية بالغرض، وعلى أن تمثل حصيلة هذا العرض والدراسة بإضافة أو إسهام في إغناء جانب أو أكثر من جوانب المعرفة البشرية)[1].

وقد أصبح البحث وسيلة أساسية لدراسة المشاكل والظواهر التي تواجهنا في حياتنا العامة وكذلك جميع البيانات والمعلومات الضرورية لها بغية الوصول إلى حل لمثل تلك المشاكل ،وتفسير لمثل تلك الظواهر، وعليه فإن البحث قد أصبح من مستلزمات وضروريات الحياة والمدنية الحديثة، فالبحث يولد المعرفة والمعرفة ضرورية وأساسية للفهم، والفهم مع المهارة المضافة إليه من قبل الباحث يقودان إلى عمل مؤثر وبناء لمختلف المشاكل التي تواجهنا في شتى نواحي الحياة وفي جميع الموضوعات والتخصصات.

وعلى أي حال فإن البحث في أبسط تعريفاته "محاولة لاكتشاف جزء من المعرفة لإذاعته بين الناس الاستفادة منه"[2].

---

(1) عامر إبراهيم قنديلجي، البحث العلمي (دليل الطالب في الكتابة والمكتبة والبحث)، مطبعة عصام، بغداد 1400هـ/1979م، ص10.

(2) إميل يعقوب، كيف تكتب بحثا، ط طرابلس - لبنان 1407هـ/1986م، ص27.

فالبحث العلمي: كما هو معروف محاولة الباحث في الكشـف والتحقيـق عـن الحقـائق

بعد فحصها ونقدها من خلال:

أ- محاولة الباحث في كشف المعرفة.

ب- التنقيب عن المعرفة وتقصيها.

ج- عرض النتائج بشكل واضح ومتكامل.

د- إسهام هذه النتائج بشكل واضح ومتكامل.

- مستلزمات البحث العلمي الناجح[1]:

* للبحث العلمي مستلزمات ضرورية نذكر أهمها وهي:

أ- الاختيار المرفق لعنوان البحث – (يحدد بالزمان والمكان).

ب- التنسيق بين سعة الموضوع والوقت المحدد للبحث.

ج- الإسناد والأمانة العلمية في نقل الحقائق.

د- وضوح الأسلوب.

هـ- الترابط بين أجزاء البحث (وحدة الموضوع).

و- توافر المصادر والمراجع للبحث المطلوب.

ز- تلاؤم البحث مع الإمكانات التعليمية والعلمية.

ح- الإشراف والمتابعة.

ي-تلاؤم البحث مع الظروف السياسية والاجتماعية (توافر السلامة الفكرية).

---

(1) للاستزادة - ينظر عامر إبراهيم قنديلجي، البحث العلمي، المرجع السابق، ص 19-21.

18

2- فائدة البحث:

إن علاقة التفكير الإنساني بالبحث علاقة وثيقة، ويعتمد البحث اعتمادا كبيرا على منهج التفكير وحجمه ونوعه.

حيث إن التفكير هو ذلك النشاط الذي يحل به الإنسان مشكلة، أو يعالج موضوعا من الموضوعات، مهما كانت تلك المشكلة أو ذلك الموضوع، وقد يتطلب هذا النشاط جهدا قليلا إذا كان حجم المشكلة أو الموضوع صغيرا أو بسيطا، وقد يكون الجهد كبيرا إذا كان حجم المشكلة أو الموضوع كبيرا أو أكثر تعقيدا، ويبدأ التفكير الإنساني عادة بالتعرف على ما يتعلق بتلك المشكلة أو الموضوع المطلوب معالجته من معلومات وحقائق.

وأخيرا يتوصل الفكر الإنساني إلى وضع الحلول والمعالجات المناسبة عن طريق الموازنة والربط بين تلك المعلومات والحقائق.

أما المعرفة فهي تتولد من التفكير وهي عادة أما معرفة حسية تعتمد على ملاحظة الظواهر بشكل بسيط وتمييزها بالحواس التي يمتلكها الإنسان، أو معرفة تأملية وفلسفية تعتمد على التفتيش عن الأسباب والتساؤل والتفكير فيها، وهنالك أيضا المعرفة العلمية التي تقوم على أساس الدراسة والملاحظة والتجربة المتطورة للظواهر المختلفة[1].

---

(1) أحمد بدر - أصول البحث العلمي ومناهجه، ط2، وكالة المطبوعات، الكويت - 1395هـ/1975م، ص16.

وعليه فالبحوث والدراسات تغني الجوانب الفكرية والثقافية للباحث حيث يمكن تحديد الفوائد والمعطيات التي يحصل عليها من هذه البحوث وهي:

أ- (رفع المستوى الفكري والثقافي للباحث):

حيث إنه نتيجة للقراءات والمطالعات الواسعة المتعمقة التي يتطلبها البحث العلمي يستطيع الباحث تطوير ثقافته ومعرفته بالموضوعات التي يبحث فيها وهو بالتالي يستطيع أن يسهم بشكل فعال في تطوير ذاته وطلبته والآخرين فكريا وثقافيا.

ب- (رفع المستوى الاجتماعي للباحث):

فالباحث المثقف ثقافة جيدة والمتمثلة من خلال بحوثه ودراساته ومطالعاته التي تكون في خدمة المجتمع،والعلم يملك الوسائل والملكات الثقافية التي تسعفه في المناقشة والمحاورة والإقناع مع زملائه الباحثين، وكذلك في محيطه الأسري والاجتماعي، وبذلك يكون قد حقق لذاته منزلة اجتماعية وشخصية معروفة، بالإضافة إلى أن هذه الثقافة تمكنه من التأثير في الوسط الذي يعمل فيه ويتمكن من الرد بكفاءة عقلية وعلمية للآراء الخاطئة أو غير الواعية إضافة إلى الشهرة في نشر بحوثه ودراساته العلمية، والتي تكون في خدمة العلم والحياة.

ج- (إضافة جديدة للعلم والمعرفة):

يستطيع الباحث الجيد أن يسهم في مسيرة الحركة العلمية عن طريق النتائج والملاحظات التي يتوصل إليها من خلال بحثه.

وأن البحـث الـذي تتمثـل فيـه صـفات الباحـث النـاجح يسـتطيع أن يسـهم كتاباتـه في المجالات العلمية ووسائل النشر والإعلام المختلفة ويبدع في التأليف والنشر- التـي تعكـس المسـيرة العلمية للمجتمع وحركته التاريخية[1].

3- مناهج البحث:

إن كلمـة "مـنهج" تعنـي- الطريـق، أو المسـلك المسـتقيم الواضـح البـين، كـما ورد في المعـاجم العربية[2]. فالنهج: الطريق الواضح، وكذلك المنهج والمنهاج.

والجمع: نهجات، ونهج، ونهوج.

والبحث العلمي يفترض أن يعتمـد عـلى مـنهج أو أسـلوب أو طريـق مـن الطـرق للوصـول بالبحث إلى غايته من خلال جمع المادة وترتيبها وهـي مسـألة ذات أهميـة كبـيرة في نجـاح البحـث، فالبحث الذي كثرت فيه المادة بدون نظام ، وتعمق البحث بدون ترتيب، كنظرة المرء إلى محل تجاري وفرت بضاعته ولكنها لم تنظم، ولم يحسن عرضها، فإذا طلب شيئا فقد لا يجـده، وإذا حـاول الحصـول على السكر عثر عليه وقد اختلط بالملح أوشك أن يختلط به[3].

وعليه فهناك مناهج بحث عدة نذكر منها على سبيل المثال لا الحصر، مع تسليط الضـوء على المنهج التاريخي.

---

(1) د. علي جواد الطاهر - منهج البحث الأدبي، المرجع السابق - ص35 وما بعدها.

د. إميل يعقوب - كيف تكتب بحثا، المرجع السابق – ص24 وما بعدها.

(2) اسماعيل بن حماد الجوهري، الصحاح، تاريخ اللغة وصحاح العربية – 346/1 (مادة نهج).

جمال الدين محمد بن مكرم المعروف بإن منظور – لسان العرب – 206/3 (فصل النون، حرف الجيم، مادة نهج).

(3) د. أحمد شلبي – كيف تكتب بحثا أو رسالة – الناشر مكتبة النهضة المصرية – القـاهرة – دار الاتحـاد – ط9، 1397هـ/1976م، ص183.

أ- المنهج التاريخي (المنهج الوثائقي):

يعد المنهج التاريخي[1] في البحث من أوسع مناهج البحث وأكثرها انتشارا واستعمالا، وهو يدعى أحيانا بالمنهج الوثائقي.

وفي هذا المنهج يتعامل الباحث مع مغزى وأهمية المعلومات الكامنة في التاريخ السحيق أو البعيد منه أو القريب.

ولما كان التاريخ مجموعة من الظواهر والأنشطة البشرية والإنسانية، فإن على الباحث أن يقوم بدراستها وفحصها وتقصي معلوماتها، وليس المنهج التاريخي مقتصرا على علم التاريخ لذاته، إذ أنه يستخدم في العلوم والمعارف الإنسانية المختلفة فلكل موضوع ولكل علم من العلوم الإنسانية مسبباته وأصوله وتطوره وتاريخه القديم والوسيط والحديث والمعاصر، ومجال المنهج التاريخي كما هو واضح من تسميته هو الوثائق والكتب وغيرهما[2].

والمنهج التاريخي يهدف إلى تحديد أهمية المعاني والسجلات التي توضح نشاطات الإنسان والحوادث وربطها ببعضها، ثم إيجاد واستخلاص التفسيرات المناسبة المنطقية للحوادث والأرقام، وعلى هذا الأساس فإن الباحث هنا عليه أن يتحرى المصادر التي هي أقرب ما تكون إلى الأحداث (أي المصادر المعاصرة للحدث والتي تكون كشاهد عيان) والتي هي قريبة الصلة الزمنية بالحدث، ومن هنا لا يحق للباحث أن يعتمد على كتاب

(1) للاستزادة - ينظر: د. عبد الرحمن حسين العزاوي، مناهج المؤرخين العراقيين في العصر العباسي الثالث - رسالة ماجستير - مخطوطة -جامعة القاهرة - كلية دار العلوم - 1399هـ/1979م.

(2) عامر قنديلجي - البحث العلمي - المرجع السابق، ص42 وما بعدها.

(تاريخ الخلفاء) للسيوطي (ت 911هـ/1505م) فيما أورده الطبري (ت 310هـ/922م) في تاريخ الرسل والملوك.

وكما يلاحظ الزمان يلاحظ المكان، فيحسن بالباحث الذي يتحدث عن تاريخ بغداد أن يعتمد كلما أمكنه ذلك – على مؤرخ عراقي، كتب عن الحقبة التي يتحدث عنها، فذلك أفضل من اعتماده على مؤرخ مغربي معاصر له، وتناولها أيضا بالكتابة.

وشيء آخر لا يقل أهمية عن الزمان والمكان إن لم يزد عليهما، ذلك أن يعرف المؤلف بالدقة والنزاهة[1].

وهنا لا بد أن نشير إلى نوعين أساسيين من المؤلفات يستخدمان في عملية البحث العلمي وهما المصادر والمراجع:

فالمصادر تشمل - الآثار التي تركها الإنسان التي لازالت شاخصة أو مدفونة - أي (بقايا أثرية وجيولوجية) والمصادر المخطوطة، والمصادر المطبوعة، والوثائق، والرسائل والخطب.

أما المراجع فهي- الكتب الحديثة أو المعاصرة، ورسائل الماجستير وأطروحات الدكتوراه والبحوث والمقالات العلمية، والرحلات، واليوميات والمذكرات، والمقابلات، والصحافة بشكل عام وقد سلك المؤرخ العربي في تدوين الأحداث وكتابة التاريخ، أسلوبين هما:

المنهج الموضوعي (المنهج الأفقي)، أو المنهج الحولي (المنهج العمودي).

---

(1) د. أحمد شلبي - كيف تكتب بحثا أو رسالة - المرجع السابق - ص56.

ب- المنهج المسحي:

أو ما يسمى بالدراسة المسحية وبوساطة هذا المنهج تجمع معلومات أو مواصفات مفصلة (عن مدينة، أو دولة، أو وحدة إدارية واجتماعية) ودراسة الظواهر الموجودة بغية استخدام البيانات لتوضيح وتبرير الأوضاع والممارسات الموجودة أو بغية الوصول إلى خطة أفضل لتحسين الأوضاع الاجتماعية أو الاقتصادية أو التربوية للشكل والهيكل المسموح.

وقد أثبت هذا المنهج جدارته وفاعليته لعدد من الموضوعات المعاصرة المهمة مثل الموضوعات التعليمية والسياسية والاجتماعية والاقتصادية.

أما الأساليب التي يستحسن استخدامها في جمع البيانات والمعلومات في الدراسة المسحية فهي الاستبيان والمقابلة في ضوء الموضوعات التي يمكن أن يناقشها الباحث والأسئلة التي يوجهها تدور ضمن الأطر الخمسة التالية: التاريخ، الإدارة والقوانين (الحكومة والقانون)، الظروف الاقتصادية والجغرافية، الخصائص الاجتماعية والثقافية، والسكان [1].

ج- منهج دراسة الحالة:

وهو دراسة متعمقة لنموذج واحد أو أكثر لعينة يقصد منها الوصول إلى تعميمات إلى ما هو أوسع عن طريق دراسة نموذج ممتاز، فدراسة حالة فرد أو عائلة أو مدرسة أو مؤسسة أو مجتمع صغير قد توصل الباحث إلى معرفة حالات أفراد أو عوائل أو مؤسسات أو مجتمعات أكبر تتشابه في الخواص معها.

---

(1) عامر إبراهيم قنديلجي، البحث العلمي، المرجع السابق، ص47 وما بعدها.

وكتابة دليل كتابة البحوث والتقارير - دار الحرية للطباعة، بغداد 1407هـ/1986م، ص30 وما بعدها.

د- المنهج الإحصائي:

يعتمد المنهج الإحصائي على استخدام الوسائل الرياضية والحسابية والعمليات اللازمة الأخرى، التي يعمل الباحث بموجبها على تجميع وتنظيم البيانات الرقمية، ووصف هذه البيانات وتحليلها ثم تفسيرها لغرض الوصول إلى الهدف المنشود من البحث أو الدراسة.

وهناك نوعان من هذا المنهج:

- المنهج الإحصائي الوصفي - الذي يهتم بالوصف الرقمي للموضوع.
- المنهج الإحصائي الاستدلالي - الذي يعتمد اختيار نموذج أو عينة صغيرة للموضوع.

هـ- المنهج التجريبي:

إن هذا المنهج يحدد العلاقات السلبية للحالة المراد بحثها بشكل ملاحظة متقصدة، وتختلف طريقة التجربة في البحث عن طريقة الملاحظة. ففي الملاحظة لا يتدخل الباحث في الحالة المراد بحثها أو توجيهها وإنما يكون دوره مراقبا وملاحظا لها، ومسجلا لما يراه.

أما بالنسبة لطريقة التجربة فإن الباحث يكون الموجه والمسير للحالة، وهذا المنهج ناجح في العلوم الطبيعية، كذلك تم اعتماده في بعض الدراسات الاجتماعية والإنسانية[1].

---

(1) المرجع نفسه - كذلك - ينظر - أحمد حافظ وآخرين - دليل الباحث - دار المريخ - السعودية -1988/1409م ص13-17.
وهناك أيضا - المنهج الجدلي - الذي يحدد منهج التناظر والتحاور في الجماعات العلمية. المنهج الفرضي (أفلاطون) المنهج التمثيلي (أرسطو) منهج الشك واليقين (ديكارت) ينظر - د. عبد الرحمن بدوي - مناهج البحث العلمي - ص8.

4- أنواع البحوث:

تختلف البحوث في اختلاف الحقول (العلمية والاجتماعية، الفنية، الأدبية...) أما بالنسبة إلى حجم البحث وقيمته العلمية فبالإمكان عموما تقسيم البحوث إلى ثلاثة أقسام: المقالة "البحث"، الرسالة، الأطروحة.

وعلينا (وقبل الدخول في أنواع هذه البحوث) أن نوضح بأننا لن نتطرق إلى ما يسمى بالمقالة التي قد تنشر في صحيفة أو مجلة والتي قد تعتمد على بعض من المصادر أو التي تكون من أفكار الكاتب ومن ملكته وقدرته الكتابية، أما البحوث التي نتحدث عنها فهي الأعمال التي تمر بالمراحل التالية [1]:

أ- تحديد المشكلة أو عنوان الموضوع والبحث.

ب- تحديد وجمع المصادر المطلوبة والتي لها علاقة بالبحث.

ج- تحديد طريقة البحث ووضع الخطة اللازمة له.

د- البدء بالقراءات والتحضيرات الكافية للبحث.

هـ- كتابة البحث وإخراجه بشكله النهائي على وفق المقاييس والأسس.

والبحوث التي نحن بصددها نستطيع أن نقسمها كالآتي:

أ- البحوث الجامعية الأولية:

هذا النوع من البحث غالبا ما يكون على مستوى الدراسات الجامعية الأولية، حيث أنه على الطالب الجامعي في هذه المرحلة أن يتعلم أشياء محدودة

---

(1) أحمد حافظ نجم وآخرين، المرجع السابق، ص28، وقنديلجي، البحث العلمي، المرجع السابق، ص24.

عن موضوعات شتى في مجال تخصصه وكثيرا ما يكلف أستاذا طلبته بعمل بحوث ويتفق معهم على تحديد عناوين لهم، وتحديد طول البحث وعدد صفحاته والوقت المتوافر له وإلى غير ذلك من المستلزمات الضرورية له، وقد يطلق على مثل هذا النوع من البحث أحيانا بالتقرير، ولكن ليست كافة التقارير المطلوبة من الطلبة على المستوى الجامعي هي بحوث حقيقية، وعلى هذا الأساس يفضل إطلاق اسم (البحث الصفي) عليها لكي تستكمل الشروط الأساسية والمعالم المطلوبة للبحث[1].

ب- بحوث الدراسات العليا والدبلوم:

من مرحلة الدراسات العليا يتوجب على الطالب أن يتعلم الكثير عن موضوعات ودروس متخصصة محدودة، وبشكل يختلف عن الدراسات الجامعية الأولية.

وكثيرا ما يطلب أساتذة الدراسات العليا من طلبتهم كتابة بحث في مادة معينة، أو يطلب من طالب الدراسات العليا كتابة بحث في مستوى أقل من الماجستير، وتكون هذه الأنواع من البحوث موسعة أكثر من البحوث ولكنها دون رسالة الماجستير، ويتحدد حجم البحث بموجب متطلبات الدراسات والوقت المتوافر لدى الطالب[2].

---

(1) د. إميل يعقوب – كيف تكتب بحثا، المرجع السابق، ص27 ود. أحمد شلبي – كيف تكتب بحثا – ص17 وما بعدها.
(2) عامر إبراهيم، البحث العلمي، المرجع السابق، ص25، وإميل يعقوب، كيف تكتب بحثا – المرجع السابق – ص29.

ج- بحوث الماجستير:

في هذه المرحلة تشترط كثيرا من الجامعات العربية وجامعات العالم كتابة بحث مركز ومتخصص كشرط أساسي للحصول على شهادة الماجستير ويطلق عليه بالإنكليزية THESIS ويكون عادة هذا النوع من البحث بإشراف أستاذ متخصص بالموضوع يشرف على كتابته والتحضير له والاطلاع عليه في مراحله المختلفة، ويسمى هذا النوع من البحث (رسالة الماجستير)، ويتحدد حجمه وعدد الصفحات المطلوبة لطبيعة البحث ووجوب تغطية الموضوع تغطية كاملة ويزيد في العادة على خمسين صفحة.

ونؤكد مرة ثانية إلى أن عدد الصفحات وحجم البحث أو الرسالة ليست كل شيء فيه وإنما التغطية الوافية والكافية بالمشكلة أو الموضوع[1].

د- بحوث الدكتوراه:

في هذه المرحلة يخصص لطالب الدكتوراه عادة وقت كاف يزيد أحيانا على السنة بكتابة بحث مفصل ومتخصص بطبيعة دراسته، وغالبا ما يتطلب أن يكون هذا البحث أصيلا وأن يضيف مادة جديدة للمعارف البشرية، ويشرف (أستاذ متخصص) على هذا النوع من البحث، ويخصص وقتا كافيا لمراجعته مع الطالب في مراحله المختلفة، ويكون هذا الوقت عادة أضعاف الوقت الذي يصرفه الأساتذة المشرفون على رسائل الماجستير، ويطلق على بحوث الدكتوراه عادة Dissertation ويسمى بالعربية أطروحة الدكتوراه[2].

---

(1) المرجعين السابقين نفسيهما.

(2) عامر إبراهيم، البحث العلمي، المرجع السابق، ص26.

هـ- البحوث المتخصصة غير الدراسية:

إضافة إلى البحوث التي ذكرناها والتي تعكس مراحل الدراسة المختلفة، هناك بحوث مهمة تجري خارج هذه الأطر والمجالات فالإنسان يواجه في مراحل حياته العلمية مشاكل وظواهر يتحتم عليه معالجتها والبحث فيها فهناك بحوث يكتبها الأساتذة في الجامعات وقد تكون هذه البحوث بجانب من جوانب الرسائل والبحوث التي كتبوها في مرحلة التلمذة وفي حياتهم الدراسية ولم يجدوا الوقت الكافي لمعالجتها، أو أنها بحوث لمشاكل وظواهر واجهتهم بعد إنهاء دراستهم وبعد تفرغهم للتدريس.

وغالبا ما تنتشر هذه البحوث المتخصصة، وغير الدراسية في المطبوعات والدوريات العلمية والمتخصصة، ويكون لها أهمية كبيرة في إغناء المعارف البشرية بما يتوصل إليه من نتائج[1].

ثانيا : الباحث:

1- تعريف الباحث لفظا واصطلاحا:

الباحث هو من يفتش عن حقيقة ما، وطريق الحقيقة طويلة وشاقة لا يمكن أن يسلكها ويصل إلى منتهاها إلا من توافرت فيه شروط علمية وأخلاقية ونفسية[2].

---

(1) م.ن، ص26-27.
(2) د. علي جواد الطاهر، المرجع السابق - ص34 - إميل يعقوب، المرجع السابق، ص23.

وهو أيضا ذلك الشخص الذي يقوم بالبحث ويكون مسؤولا عنه وعن نتائجه ويتحمل جوانبه الإيجابية والسلبية[1]. فليس كل من يكتب يعد باحثا، ذلك أن الباحث يجب أن تتوافر فيه بعض المواصفات التي بدونها لا يمكن أن يتحقق له الفلاح والنجاح في مجال البحث العلمي[2]. فالبحث العلمي يعد فنا إلى جانب كونه علما، ولا يمكن تشخيصه ممن لا يجيد ممارسة ذلك الفن، وما لم يكن أصلا متمتعا بموهبة من الله سبحانه وتعالى تميزه عن الآخرين من حيث القدرة على البحث والرغبة فيه، والقدرة على التصبير والمصابرة، والتوصيف، والتحبير والتصنيف، وإدراك العلائق المحورية بين الأفكار والأشياء، ثم يأتي بعد ذلك دوره في صقل تلك الموهبة وتنميتها وتهذيبها عن طريق الاطلاع والقراءة والتدريب والممارسة. فالبحث موهبة تمنح لبعض الناس، ولا تمنح للآخرين.

والجدير بالملاحظة - أن العرب القدامى اهتموا بصفات الباحث أو العالم، فقال الإمام مالك بن أنس في شروط الأخذ عن المتحدث (في الأحاديث النبوية الشريفة): ((لا يؤخذ الحديث من سفيه... ولا يؤخذ من صاحب هوى يدعو الناس إلى هواه... ولا من كذاب يكذب في أحاديث الناس... ولا من شيخ له فضل وصلاح وعبادة إذا كان لا يعرف ما يحدث به...))[3].

(1) عامر قنديلجي - البحث العلمي، المرجع السابق، ص22.
(2) د. أحمد شلبي - المرجع السابق، ص18.
(3) ذكر ذلك - أسد رستم - مصطلح التاريخ - ص100-101.

2- شروط الباحث:

من الضروري أن تتوافر في الباحث شروط عامة شخصية وعلمية يمكن إيجازها بما يلي:

أ- الرغبة: هي الشرط الأساسي للنجاح في أي عمل، ولا تتصور عاملا يبرع في مهنته دون أن يرغبها، فإذا فرض البحث على الباحث شعر أنه كالمضطهد وضاق ذرعا به من أول صعوبة تعترضه وما أصدق المثل القائل: "تستطيع أن تأخذ الفرس إلى النبع ولكنك لا تستطيع أن تجبرها على الشرب".

والبحث الذي دافعه الضغط أو سبب خارجي (إرضاء الأستاذ، الشهادة، الدرجة العلمية إلخ..) قد يتوقف أو يزول بزوال السبب، نحو ما أمر به (أبو إسحاق إبراهيم بن هلال الصابئ) من قبل تاج الملك البويهي الفارسي المتغطرس المحتل، فعكف على تأليفه وسماه (التاجي) إلا أن واشيا أفسد عليه الأمر.. فقد سأله عما يعمله.. فقال أبو إسحاق الصابئ) (أباطيل أنمقها، وأكاذيب ألفقها)، فسجن ومع ذلك عمل تاريخه.

أما البحث القائم على سبب داخلي أساسه حب الحقيقة واللذة من الاكتشاف فيؤدي ثمارا جيدة، دافعه الرغبة والإيمان والثقة.

ما قاله أبو جعفر محمد بن جرير الطبري لأصحابه (لطلابه):

أتنشطون لتفسير القرآن؟ قالوا: كم يكون قدره؟

فقال: ثلاثون ألف ورقة فقالوا: هذا ما تفنى الأعمار قبل تمامه.

فاختصره في نحو (ثلاثة آلاف ورقة).

ثم قال: هل تنشطون لتاريخ العالم من آدم إلى وقتنا هذا ؟   قالوا: كم قدره؟

فذكره بمثل ما ذكره في التفسير.   فأجابوه بمثل ذلك أيضا.

فقال: إنا لله أماتت الهمم؟

فاختصره في نحو ما اختصر التفسير.

وهكذا نرى أن من أهم شروط النجاح في البحث رغبة الباحث فيه[1] ونحن نرى: "أن المؤلف رمز المؤلف، ودليل علمه ومعرفته".

ويقول الخطيب البغدادي:

(من صنف فقد جعل عقله على طبق يعرضه على الناس) ونذكر هنا قولا يقول: "أحب العامل الذي يغني وهو يعمل" فالغناء في العمل يعني الرغبة فيه والفرح معه وهما شرطان أساسيان لإتقانه.

فلا إكراه في الدين، ونحن نقول "لا إكراه في كل شيء".

ب- الصبر: إن الرغبة في البحث غير كافية للقيام به فقد تكون الرغبة الظاهرة نزعة عابرة فينكص الباحث وهو لما يزل في بداية الطريق، ولذلك لا بد من أن يصحب الرغبة الصبر والصمود في وجه المشقات، والصبر فضيلة النفوس الكبيرة التي تأبى العيش في السفوح فتشرئب أعناقها إلى القمم فتعمل، وتجدها غير مكترثة لوعورة الشعاب و"من صبر ظفر ومن لج كفر" كما يقول المثل العربي، ويقول

---

(1) إميل يعقوب، المرجع السابق، ص23، قنديلجي، البحث العلمي - المرجع السابق، ص72، ينظر: د. علي جواد الطاهر، المرجع السابق - ص34 وما بعدها.

ود. عبد الرحمن حسين العزاوي، ود. محسن محمد حسين، منهج البحث التاريخي، منشورات جامعة بغداد، مطبعة دار الحكمة - بغداد 1412هـ/1992م.

الإمام علي: "لا يعدم الصبور الظفر وإن طال به الزمان" وإن كان أول الصبر مرا فإن آخره حلو، لذلك على الباحث أن يصبر في التفتيش والتقميش عن مصادر ومراجع بحثه وتنفيذ ملاحظات أستاذه المشرف[1] (وإن الله مع الصابرين)[2]، فالصبر كما يعرفه مسكويه بأنه مقاومة النفس الهوى لئلا تنقاد لنتائج الأشياء ويعرفه أيضا: بأنه احتمال الكد، وقد جاء وصف الصابرين في القرآن الكريم كثيرا حيث ذكر الصبر في نيف وسبعين موضعا ومن قوله تعالى: (ولتجزين الذين صبروا أجرهم بأحسن ما كانوا يعملون)[3] وقوله تعالى (إنما يوفى الصابرين أجرهم بغير حساب)[4] ويرى الغزالي في الصبر بأنه: (إثبات باعث الدين في مقابلة باعث الشهوات) وأفضل أنواع الصبر هو صبر العلماء في دراستهم وبحوثهم ولولا ذلك لما أتم الإدريسي عمله الكبير الذي قضى فيه خمسة عشر عاما يرسم ويسجل وبدون كلل ما رآه في رحلاته العديدة ليتقدم في عام 1145م (في بالرمو) للملك سبعين خريطة كانت درتها خريطة العالم[5].

فالصبر نصف الإيمان كما وصفه الرسول ﷺ.

(1) أميل يعقوب - المرجع السابق، ص24، ينظر: قنديلجي، البحث العلمي، ص22.

(2) سورة البقرة آية 153.

(3) سورة النحل آية 96.

(4) سورة الزمر، آية 10.

(5) مهدي صالح السامرائي، أخلاق العلماء العرب المسلمي، مجلة دراسات للأجيال، العدد2، السنة السابعة، بغداد حزيران 1408هـ/1987م.

ج- المعرفة والثقافة:

إذا كان الصبر عاملا أساسيا للنجاح حتى بالغ بعضهم في أهميته فقال ((البحث صبر)) فإنه لا يكفي للقيام بالبحث إذ لا بد للباحث من معرفة العلوم واللغات التي تساعده على قراءة وفهم كل ما يتعلق ببحثه كما يحتاج إلى قدرة على النقد والتحليل وكل ذلك لا يتأثر إلا بالثقافة الواسعة والمعرفة في مجال البحث[1].

د- الشك العلمي:

الشك طريق إلى اليقين، حيث نجد الجاحظ (ت255هـ/869م) يردد هذا المبدأ -عن أستاذه النظام - في كتابه الحيوان، بقوله: (لم يكن يقين قط حتى كان قبله شك)[2] وهو يفضي- ألا يقبل الباحث كل ما يقدم إليه على أنه حقيقة مسلم بها ،بل لا بد من تقليبه على وجوهه ووزنه بميزان دقيق من الاختبار والفطنة والذكاء يقول أرسطو: ((الجاهل يؤكد، والعالم يشك، والعاقل يتروى)) وإذا كان (سوء الظن من حسن الفطن) كما قالت العرب قديما، فإن المبالغة في الشك تجعل الباحث سيئ النية عدوانيا يخالف المألوف ويؤثم غيره بما ليس هو محقوق، ودون حق[3] و"إن بعض الظن إثم"[4].

_____

(1) إميل يعقوب، المرجع السابق، ص24.
(2) والجاحظ قد سبق ديكارت (1061م) بمئات السنين في طرحه هذا المبدأ.
(3) م.ن، ص25، د. علي جواد الطاهر - ص34- وما بعدها.
(4) سورة الحجرات، آية 12.

34

هـ- الروح العلمية:

إن الشك العلمي جزء من الروح العلمية ،هذه الروح التي تعني سعة الاطلاع، والشكل المنهجي، والصبر على المصاعب فحسب بل أيضا جملة خصائص منها الإنصاف والأمانة والنزاهة والموضوعية، والقدرة التنظيمية والجرأة، فالإنصاف يقتضي- التجرد من الهوى والحكم بمقتضى- الحقيقة بعيدا عن العصبية التي تعمي وتعم أيا كانت هذه العصبية وهو يقتضي- أيضا احترام الآخرين وإن اختلفوا في الرأي، والأمانة تقتضي الإنصاف أولا، ونقل آراء الآخرين كما هي دون تشويه إذا لم تعجب الباحث، ودون تزويقها إذا وجد فيها دعما لتوجهاته كما تقتضي- عدم سرقة آراء الآخرين[1]، والنزاهة تقتضي أن يكون الباحث نزيها محبا للعلم بعيدا عن المفاخرة، يخدم العلم من أجل العلم لا من أجل الشهرة الباطلة والمجد الزائف والربح المادي الفاني.

فالنزاهة والأمانة:تتجلى في كثير من جوانب حياة العلماء، ولعل من أهمها الأمانة في نقل الأخبار والأفكار العلمية التي كانت تنتشر من الشرق العربي إلى مضربه فكان شيئا مألوفا أي نسمع من أستاذ علامة قوله أخبرني فلان عن فلان عن فلان وصولا إلى المصدر الأصلي للخبر، ومن النزاهة والأمانة أيضا إذا سئل العالم عن شيء لم يتقدم فيه العلم أن يقول: (الله أعلم) أو (لا علم لي به). قال ابن جماعة من كتابه تذكرة السامع المتكلم في أدوات العلم والمتعلم (وأعلم أن قول

---

(1) إميل يعقوب، المرجع السابق، ص25.

المسؤول لا أدري لا يضيع من قدره كما يظنه بعض الجهلة بـل يرفعـه لأنـه دليـل عظيـم على عظم محله وقوة دينه وتقوى ربه وطهارة قلبه)[1].

أما القدرة التنظيمية: فتساعد الباحث على تبويب أقسـام بحثـه كأبوابـه وفصولـه وفقـره تبويبا محكما فتأتي كحلقات السلسلة يأخذ بعضها برقاب بعض في تسلسل منطقي لا تكلـف فيـه، ولا تعسف بل يأتي كل في مكانه الطبيعي المناسب)[2].

وأما الجرأة: فلا تعني الوقاحة من أي وجه من الوجوه بل هي القول عن الباطل إنه باطل وعن الحق إنه حق دون خوف أو وجل ودون تملق أو مداهنة فليس في البحث صديق أو عدو بل حق وحقيقة. سئل أرسطو (لماذا تناقض أفلاطون في آرائه وهـو صـديق لـك؟ أجـاب: إن أفلاطـون صديقي ولكن الحق أولى بالصداقة منه)، وأفضل مـا تكـون الجـرأة عنـدما تكـون اعترافـا بالخطأ و(الاعتراف بالخطأ فضيلة)[3] و(لا تلبسوا الحق بالباطل، وتكتموا الحق وأنتم تعلمون)[4].

أما الشجاعة والصراحة: فيرى مسكويه في كتابه تهذيب الأخلاق حيث يقول: إن الشجاعة فضيلة النفس الغضـبية، وقـال أرسـطو في الشجاعة: أنهـا وسـط بـين الخـوف والجـرأة، وليسـت الشجاعة استصغارا للأشياء وعدم المبالاة بها.. بل

---

(1) مهدي صالح السامرائي، مجلة دراسات للأجيال، المرجع السابق، ص33-34.
(2) إميل يعقوب، كيف تكتب بحثا، ص26.
(3) م.ن.
(4) سورة البقرة، آية 42.

على الضد من ذلك حيث توجد كثير من الشرور ينبغي أن تخاف والذي لا يخاف منها ولا يبالي بأخطارها يسمى متهورا[1].

ولعل من الشجاعة أيضا قول الحق والوقوف ضد الباطل، وللعلماء العرب المسلمين مواقف جريئة في هذا الميدان تكتفي بذكر مثال عنها:

كان عمرو بن عبيد صديقا لأبي جعفر المنصور العباسي قبل خلافته وبعدها وكيف كان يعظ الخليفة علانية أمام الناس وقد طلب منه المنصور أن يعينه على أعدائه، إذ قال له: أبا عثمان أعني بأصحابك فإنهم أهل عدل وأصحاب الصدق والمؤثرون له. فرد عليه عمرو: (ارفع علم الحق يتبعك أهله)[2].

أما حرية الفكر: وهي من الأخلاق العلمية التي يستدعيها الاشتغال بالعلم والفكر والتي بدونها لا تنمو العلوم، وتتطور المعارف، وتزدهر الأفكار، ويظهر الإبداع والابتكار ولهذه الخلة مظاهر عديدة وتطبيقات كثيرة في الحياة العلمية ويكفي أن ندلل ببعض الأمثلة عليها ومنها: أن حلقات التدريس تبيح للطالب أن يوجه الأسئلة المتنوعة لاستاذه ومناقشته فيها ومعارضته إذا اقتضى الأمر، وقصة واصل بن عطاء واختلافه مع الحسن البصري معروفة لدى الباحثين في مسألة (مرتكب الكبيرة) ثم اعتزاله حلقة البصري والتي يعدها البعض سببا في تسمية فرقته بالمعتزلة، وكانت هذه الحرية سببا كافيا يدعو الأساتذة إلى مراجعة ما لديهم من علوم ومعارف والتعمق في اختصاصاتهم والإعداد المتقن لدروسهم وكانت

(1) مهدي صالح السامرائي، المرجع السابق، ص33.
(2) م.ن.

النتائج التي يتم التوصل إليها تبذل للمنفعة العامة، كما تتجلى مظاهر الحرية الفكرية في كثرة المؤلفات التي يرد بها بعضهم على بعض بأسلوب علمي وأخلاقي نزيه فالغزالي بعد دراسته للفلسفة هاجمها في كتابه (تهافت الفلاسفة) فيتصدى له ابن رشد فيرد عليه في كتابه (تهافت التهافت) والأمثلة من هذا النوع من الصراعات والاختلافات الفكرية كثيرة[1].

و- الاعتراف بمكانة الغير:

وهي صفة خلقية حميدة تتولد من معرفة الإنسان لقدره وتقديره لحق الآخرين وهي غاية في الكمال الأخلاقي وأقصى درجات الموضوعية، وكان لعلماء العرب المسلمين نصيب وافر من هذه الصفة والأمثلة على ذلك كثيرة نورد منها: يقول ابن أبي أصيبعة في وصفه لابن البيطار رغم أن لكل منهما باعا طويلا من العلم والطب: (وأول اجتماعي بابن البيطار كان في دمشق سنة 633هـ فرأيت فيه أخلاقا سامية ومروءة كاملة وطيبا في الأعراق وجودة في الأخلاق وكرما في النفس مما يفوق الوصف ووجدت فيه من العلم الغزير والدراية والفهم شيئا كثيرا، وأنه كان ذا ذاكرة قوية عجيبة)[2].

ز- احترام العلم وتبجيله:

ليس هناك من شك في أن الباعث الأساس على طلب العلم والانصراف له والاعتكاف من أجله يعود بالدرجة الأولى إلى حث الإسلام عليه، حيث وردت آيات

---

(1) م.ن، ص37.
(2) م.ن، ص38.

كثيرة في القرآن الكريم تحث على العلم وتعلمه، والعلماء وأهله. أما في السنة النبوية الشريفة فالأحاديث كثيرة، وقد ورد في الأثر:(تعلموا العلم فإن تعلمه لله حسنة، ودراسته تسبيح والبحث فيه جهاد، وطلبه عبادة، وتعلمه صدقة، وبذله لأهله قربة).

وقوله ﷺ أيضا: (طلب العلم فريضة على كل مسلم ومسلمة) وطلب العلم كان من أولى اهتمامات الرسول ﷺ وقد اقتدى الخلفاء من بعد الرسول ﷺ بهذه السيرة.

قال الرسول ﷺ: (اللهم إني أسألك علما نافعا وأعوذ بك من علم لا ينفع) وقوله ﷺ أيضا (إن أشد الناس عذابا يوم القيامة عالم لم ينفعه علمه)[1].

وقال الخليل بن أحمد الفراهيدي البصري في تقسيم الناس فيما علموه أو جهلوه: الرجال أربعة:

* رجل يدري، ويدري أنه يدري، فذلك عالم فاسألوه.

* ورجل يدري، ولا يدري أنه يدري، فذلك ناس، فذكروه.

* ورجل لا يدري، ويدري أنه لا يدري، فذلك مسترشد، فأرشدوه.

* ورجل لا يدري، ولا يدري أنه لا يدري، فذلك جاهل، فارفضوه.

* فالهدف من التأليف، لا يعدوا واحدا من سبع أشياء[2]:

- شيء لم يسبق إلى تأليفه، فيؤلف.

---

(1) م.ن، ص39-40.

(2) حاجي خليفة - كشف الظنون عن أسامي الكتب والفنون، كذلك أوصى الشيخ عبد الباسط العلموي في كتابه (المعيد في أدب المفيد والمستفيد) بقواعد مماثلة.

- شيء ألف ناقصا، فيكمل.
- شيء أخطئ في تأليفه، فيصحح.
- شيء ألف غامضا، فيشرح.
- شيء ألف مفترقا، فيجمع.
- شيء ألف مطولا، فيختصر.
- شيء ألف منثورا، فيرتب.

وكما جاء في هذه الأبيات ليجمع هذه الأهداف:

ألا فاعلمـن أن التأليف سبعــة   لكل لبيب في النصيحة خالـص
فشرح لإغلاق، وتصحيح مخطئ   وإيداع حبـر مقدم غيـر ناكـص
وترتيب منثور، وجمـع مفـــرق   وتقصيـر تطويـل وتتميم ناقص

وقال الإمام الشافعي.. في شرط تحصيل العلوم:

أخـي لـن تنال العلـم إلا بستـة   سأنبيـك عـن تفصيلهـا ببيـان
ذكـاء وحـرص واجتهاد وبلغـة   وصحبـة أستاذ وطـول زمـان

ونختم القول بأكرم قول قوله تعالى جل وعـلا: ((قـل هـل يسـتوي الـذين يعلمـون والـذين لا يعلمون)). "فحقا أنهم بعد الضب من اليم، والحوت من البيد"

قال رسول اللـه ﷺ:"من أدعى ما ليس له فليس منا، وليتبوأ مقعده في النار"[1].

وقال ﷺ:"إنما العلم بالتعلم، وإنما الحلم بالتحلم، ومن يتحر الخير يعطه، ومن يتـق الشر يوقه"[2].

---

(1) رواه ابن ماجة عن أبي ذر الغفاري.

(2) رواه الدار قطني في (الإفراد والعلل) - عن أبي هريرة، ورواه الخطيب البغدادي - في تاريخ بغداد أو مدينة السلام عن أبي هريـرة وأبي الدرداء.

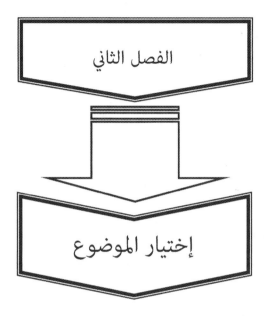

الفصل الثاني

إختيار الموضوع

الفصل الثاني
اختيار الموضوع

مقدمة

لعل أهم مشكلة تواجه الطلبة هي مشكلة اختيار موضوع بحثه، إذا لا يعرف كيف يختار البحـث، وما هي البحوث التي عولجت، وما هي التي يمكن معالجتها.

والحقيقة أن اختيار البحث ليس شيئا سهلا لـذلك نـرى معظم الطلبة يلجئـون إلى بعـض الباحثين وخاصة أساتذتهم ليدلوهم على موضوعات يبحثونها ،غير أن هؤلاء الأسـاتذة لا يعرفون ميول الطلبة أو قدراتهم معرفة حقيقية،فيدلونهم على موضوعات لا تتفق مع هـذه القـدرات إن الطالب هو المسؤول الأول عن اختيار موضوع بحثه وهو الذي يجـب أن يختاره وقـد يسـتدل في محاضرات سنوات الإجازة أو من مطالعاته الشخصية على موضوع أو أكثر لم ينل ما يستحقه مـن الدراسة وإلا عليه أن يعكف على كتب الباحثين يستعرض موضوعاتها ليتبين لـه موضوع يتفق وميوله وقدراته.

أولا : شروط اختيار الموضوع[1]:
من المعايير التي يجب مراعاتها في اختيار البحث:

_____
(1) د. إميل يعقوب، كيف تكتب بحثا، ص30-31.

1- الرغبة:

من أهم شروط نجاح الباحث في بحثه رغبته فيه ولهذا السبب ينصح بأن يختار الباحث بنفسه موضوع بحثه لأنه أعلم من غيره بميوله وبرغباته وكما قلنا (فالمؤلف رمز المؤلف ودليل علمه ومعرفته).

2- الجدة:

لابد أن يكون البحث جديدا غير مطروق (غير مبحوث) وربما أتم الباحث بحثه دون أن يعرف أن باحثا آخر في جامعة أخرى قد بحثه، فمن الصعب جدا معرفة كل البحوث التي قدمت على كثرة الجامعات في مشارق الأرض ومغاربها، ولكن إذا كان ينصح عادة بالابتعاد عن المواضيع المطروقة سابقا فإنه لا بأس في اختيار موضوع مطروق إذا رأى الباحث أنه يستطيع الإتيان بأشياء جديدة جديرة لقيام البحث من جديد، وهنا تصبح الجدة أكثر ظهورا ووضوحا.

3- أهمية الموضوع:

ليس كل موضوع جديرا أن يكون بحثا، لذلك على الطالب أن يتساءل أمام الموضوع الذي يختاره، هل هو يستحق الدراسة؟ هل فيه فائدة له ولسواه؟ هل يزيد به ولو لبنة صغيرة في صرح العلم؟ وهنا ينصح الطلبة باختيار الموضوعات النافعة لا التي تختفي في مكاتب أصحابها بعد إنجازها بل التي تنشر فتساهم في التطور العلمي، ومن الأفضل أن يكون البحث ذا نفع عملي علمي للباحث وللمجتمع معا.

4- حصره، وضيق ميدانه:

كلما كان البحث أكثر ضيقا كان أكثر صلاحية والعكس بالعكس، وذلك لأن الإحاطة بالمواضيع الواسعة عملية صعبة يضطر الباحث معها إلى معالجتها معالجة سطحية، أما في البحث الضيق المجال فيستطيع الباحث أن يلم بأطرافه، ويتعمق في أغواره ويحيط بمصادره وبمراجعه.

5- وفرة المادة ووفرة مصادر البحث ومراجعه:

لابد للموضوع المختار من أن يكون وافر المادة بحيث تكون كافية لرسالة ماجستير أو لأطروحة دكتوراه، كذلك يجب على الباحث أن يتأكد من وفرة مصادر البحث ومراجعه لأن عناصر الجمع من هنا وهناك من العناصر الأساسية في البحث.

6- القدرة على المعالجة:

وهي تشمل القدرة الثقافية والمادية وتوافر الوقت اللازم فمن ناحية القدرة الثقافية يجب على الباحث الذي لا يعرف لغات أجنبية ألا يتناول أبحاثا تتطلب هذه اللغات أو كتب فيها بلغات أجنبية، ومن ناحية القدرة المادية والوقت يجب على الباحث أن يسأل نفسه، هل يمكنني الحصول على المال لشراء الكتب اللازمة ولزيارة المكتبات أو للسفر والاطلاع على المخطوطات الواجب الاطلاع عليها...؟ وهل لدي الوقت الكافي لكل هذا؟.

أسئلة تستحق التفكير قبل التأمل فيها.

ثانيا: تعديل موضوع البحث وتغييره:

إن تعديل موضوع البحث جائز بموافقة الأستاذ المشرف، والقسم المختص والكلية، والجامعة.

أما تغييره فجائز في الحالات التالية:

1- النقص الشديد في المصادر والمراجع.

2- عدم التمكن من الحصول على مخطوطة من المخطوطات.

3- صدور دراسة تلغي دراسة الطالب لكونها تعالج الموضوع نفسه وبالمنهجية نفسها.

4- عدم قدرة الطالب على متابعة البحث.

وفي جميع هذه الحالات يجب ألا يأسف الطالب على الوقت والجهد اللذين أضاعهما في البحث الذي تركه، لأنه خير له أن يخسر هذا الجهد وذاك الوقت من أن يستمر في عمل لا جدوى منه، ولا ثمار تجنى بوساطته.

ثالثا: تعديل خطة البحث:

بعد الفراغ من الكتابة ومراجعة جميع المصادر والمراجع المتعلقة بالبحث على الأغلب وجمع كل ما يراه لازما، يتبين للباحث عادة أن التصميم الذي قدمه لتسجيل بحثه إلى تعديل، وذلك في ضوء ما عثر عليه من مادة، ومعلوماته التي تطورت وتعمقت بعد الدراسة، وقد يشمل هذا التعديل حذف بعض الأبواب، أو الفصول، أو زيادة أخرى، أو تقديم وتأخير، أو تغييرا في عناوين بعض الأبواب أو الفصول، فإذا ما أجرى الطالب هذا التعديل عليه استشارة أستاذه لأخذ ملاحظاته.

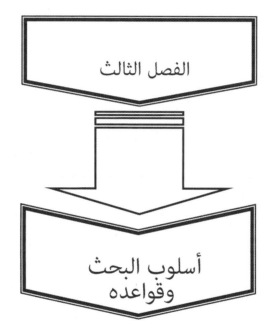

الفصل الثالث

أسلوب البحث
وقواعده

الفصل الثالث
أسلوب البحث وقواعده

مقدمة:

الأسلوب - كلمة تستعمل في اللغة العربية لتدل على رقة العبارة، وتسلسلها، وعدم التعقيد فيها، ولكن للأسلوب معنى آخر أعم حيث يشتمل خطة البحث، والبراعة في عرض المادة، وترتيب الفقرات، وإبراز النتائج، وكل ما من شأنه أن يؤثر تأثيرا قويا من قيمة البحث، والأسلوب هو السلك الذي ينتظم به الأفكار جميعا إنه أشبه بالسلك الذي يستخدمه الصائغ لجمع لآلئ العقد وقد قال الأديب الفرنسي جورج بوفون (Georges Buffon): "الأسلوب هو الرجل" والأسلوب الرديء يفقد البحث قيمته مهما حوى معلومات قيمة، واكتشافات نافعة، ومن أهم شروط الأسلوب: سلامته من الأخطاء اللغوية والإملائية ومن المفروض أن الباحث يكتب دون أخطاء ولكن لا بأس إن ساعده في تصحيح ما كتب بعض من يجيدون اللغة لأن الإنسان يفوته عند القراءة تصحيح الكثير من الأخطاء، ومهمة الأستاذ أسمى من التصحيح والتدقيق اللغوي.

فالمطلوب هو الوضوح في الأفكار والسلامة في التعبير والمتانة في السبك، وأن تكون الكلمات فصيحة مأنوسة الاستعمال، والعبارات والجمل قصيرة، منوعة،

واضحة، مختصرة مترابطة ترابطـا عضويا فيمـا بينهـا، والمفروض أن يبتعـد الباحـث عـن الأسلوب التهكمي وعبارات السخرية، وعن المبالغة والادعاء والجدال الذي لا جدوى منه، والبراهين التي تساق على مبادئ مسلم بها، وعن الجزم والقطع في أمور البحث فيما يراه حقيقة بدهية. قد لا يكون كذلك، والعلم في تطور مستمر، ومما تحسبه صحيحا اليوم قد لا يكون كذلك غدا، فبدل استخدام ألفاظ مثل (أوكد) و(أجزم) و(أخطئ) و(أصوب) يحسن استعمال مثل (أرى) و(يبدو أنـه) و(يظهر مما سبق) و(لعل). أما استخدام ضمائر المتكلم في الإفراد والجمع فجائز شرط عـدم الإفراط فيه والابتعاد عن الادعاء والمكابرة والإعجاب بالنفس، فالتواضع العلمـي مـن أهم صفـات الباحـث الحقيقي وقد صدق الشاعر إذ قال:

ملأى السنابل تنحني بتواضع   والفارغات رؤوسهن شوامخ

أما الألقاب العلميـة (دكتـور، أستاذ...) والدينيـة (الشيخ، الإمـام، الأب، الكـاهن، القـس...) والسياسية (وزير، نائب، أمير...)، والاجتماعيـة (زعيم، وجيـه)، أو الوظيفيـة (عميـد، مـدير مكتـب، رئيس الديوان..) وغيرها من الألقاب والوظائف فليس استعمالا صحيحا في الرسائل والأطروحات الجامعية، ولكن هناك بعض حالات يكون ذكر الألقاب والوظائف فيها ضروريا، وذلك في حالة ما إذا كان اللقب، أو الوظيفة صلة خاصة بالفكرة التي يتحدث عنها الباحث.

ويجب أن يكون مفهوما أن حذف الألقاب ليس معناه عدم التقدير، فالتقدير شيء وهذه الألقاب شيء آخر، وليس مـن الطبيعـي أو العـدل أن نذكر اسـم ابن هشـام، الأزرقي، الطبري، المسعودي، ابن الأثير، ابن خلدون، بدون ألقاب ثم نقول

لفلان - شيخ المؤخرين، العالم العلامة، الحبر الفهامة، مع ما نكنه لفلان من الإجلال والاحترام، هذا ويستثنى ثلاثة مواضع تذكر فيها الألقاب أو الوظائف وهي:

1- عند ذكر مصادر ومراجع البحث، فإن اسم المؤلف يذكر مع ألقابه.

2- في التقدير والاعتراف.

3- حينما يكون الشخص الذي تناقش رأيه، أو تقتبس منه شخصا غير مشهور في محيط المادة التي تدرسها، فلا مانع حينئذ أن تقدمه للقارئ كأن تقول -فلان أستاذ الحضارة العربية الإسلامية أو أستاذ المنهج التاريخي أو نحو ذلك.

أولا: شروط البحث:

تنقسم شروط البحث العلمي السليم إلى مجموعتين:

شروط شكلية وشروط موضوعية.

1- الشروط الشكلية للبحث:

وهي رغم كونها شروطا شكلية إلا أن هذا لا يعني الإقلال من شأنها فهي لا تقل أهمية عن الشروط الموضوعية وهي تتعلق بالشكل العام للبحث ومظهره الخارجي.

أ) أن يكون حجم البحث مناسبا لموضوعه ولمستواه العلمي بحيث لا يكون فيه مبالغة أو تقصير، وليس هناك حجم محدد يمكن وضعه مقدما لأي بحث، كما أن حجم البحث العلمي في الدراسات النظرية (العلوم الإنسانية أو الاجتماعية) كالقانون يختلف عن حجم البحث العلمي في الدراسات العلمية (كالفيزياء

والكيمياء والطب والرياضيات والصيدلة، والحاسب الآلي... إلخ) ففي الدراسات العلمية قد تكفي بعض المعادلات وبعض الصور والجداول لكي تكون بحثا علميا جيدا طالما أنها تعبر عن فكرة جيدة وتنتهي إلى نتيجة جيدة على أن تكون مدعمة بالتجارب المختبرية أو المعملية وبدراسة حالات واقعية مع شرح مبسط. أما بالنسبة للدراسات النظرية فإن الأمر يختلف حيث يحتاج الباحث عادة إلى شرح وجهة نظره تفصيلا، شرحا مدعما بالأدلة والبراهين والأمثلة فضلا عن شرح وجهات نظر من سبقوه في الكتابة، في هذا الموضوع والرد عليها ردا علميا مقنعا، ولهذا فإن البحث - صغير الحجم - يجعله عرضة للنقد، كما أن المغالاة في حجم البحث العلمي هي أيضا معيبة إذ أنها تدل - بصفة مبدئية - على الحشو والتطويل والدخول في فرعيات وتفاصيل خارج موضوع البحث بلا مبرر [1].

والمناقشة في العمق والابتكار لا في الجمع و الحشو، ولنتذكر قول القائل، وقد كتب لصديقه رسالة مسهبة: ((كتبت إليك كل شيء مفصلا إذ ليس عندي وقت للاختصار..)) فمن الواضح أن الاختصار يحتاج إلى عمق وفكر، ودراية وخبرة.

ب) أن يتسم البحث شكلا بالنظام والنظافة وحسن الترتيب لأن البحث يعبر عن صاحبه فيجب أن يكون - على الأقل - مكتوبا بالآلة الكاتبة خاليا من الشطب مجلدا تجليدا نظيفا، ويكون الغلاف مكتوبا بخط واضح وجميل، وتكون

---

(1) إميل يعقوب، دليل الباحث - ص27-28.

الكتابة على وجه واحد من الورق (إلا إذا كان مطبوعا) وأن يبدأ كل باب، أو فصل، أو فقـرة رئيسـة في بداية صـفحة جديدة، وأن تـترك هـوامش عـلى جـانبي الصـفحة، و أن تكتـب الهـوامش السفلية بخط أصغر حجما من الخط المكتوب به المـتن،وأن تكون الكتابـة واضحة ومفسرة بشكل لا يتعب القارئ.

ج) أن يتوافر في الباحث العناصر التالية: عنوان يوضح موضوع البحث عـلى وجـه الدقـة والتحديـد (زمانـا ومكانـا) تصـدير، أو تقـديم أو إهـداء (اختيـاري)، المقدمـة ،خطـة البحـث (الأبـواب أو الفصول أو العناوين الرئيسة،الهوامش) الخاتمة،- بيـان تفصيلي بـالرموز المستخدمة في البحـث وتفسيرها- ملاحق وخرائط وجـداول إن وجـدت. قائمـة المصـادر والمراجـع العربيـة والأجنبيـة، فهرس تفصيلي، تصويب للأخطاء المطبعية إن وجدت.

د) أن يخلو البحث - قدر الإمكان - من الأخطاء اللغوية والأخطاء الإملائية والأخطاء المطبعية، ذلك أن كثرة هذه الأنواع من الأخطاء في البحث العلمي تشوهه وتسيء إليه وتقلل مـن قيمتـه فضـلا عن أنها تدين الباحث بعدم إلمامه باللغة التي يكتب بها الباحث (خاصة إذا كانـت هـذه اللغـة الأصلية للباحث) كما أن كثرة الأخطاء المطبعية تدين الباحث بأنه لم يراجع بحثه بعد أن انتهت كتابته أو أنه تكاسل عن تصويب الأخطاء المطبعية وهو عيب شائع في معظم البحوث،لذلك فمن المستحسن أن يعهد الباحث بعد الانتهاء مـن كتابـة بحثه إلى أحـد أسـاتذة هـذه اللغـة لتصحيحه لغويا.

هـ) أن يكون هناك تناسب بين أجزاء البحث المختلفة مـن حيـث عـدد الصفحات فإذا كـان عـدد صفحات البحث (300) صفحة على سبيل المثال فمـن غـير المعقـول أن تتكون المقدمـة مـن (50) صفحة مثلا بينما لا يزيد كل باب من أبواب البحث عـن (30) بينما يتكون بـاب آخـر من (80) صفحة أو أن تنقسم أحد أبواب البحث إلى سبعة فصول بينما ينقسم بـاب آخـر إلى فصلين فقط، أو أن تتكون المقدمة من (50) صفحة بينما تتكون الخاتمة من خمـس صفحات فقط، وهكذا.

2- الشروط الموضوعية للبحث:

لكي نتحدث عن الشروط الموضوعية لأي بحث علمي علينـا أن نتنـاول كـل جـزء مـن أجـزاء البحث على حدة.

أ) عنوان البحث: إن اختيار العنوان المناسب للبحث ليس أمرا سهلا أو ثانويا كما قد يعتقـد الـبعض ولكنه ذو أهمية كبرى في واقع الأمر، إذ انه أول ما تقع عليه عين القارئ فإما أن يشده العنوان إلى القراءة باهتمام، وإما أن يلقي بالبحث جانبا بلا مبالاة، ويتوقف ذلك عـلى مـدى مـا يتمتـع به العنوان من جاذبية وجدة وحسن اختيار ودقة في التعبير عن موضوع البحـث ذاتـه، ويجـب أن تتوافر في عنوان البحث عدة شروط، من أهمها:

- أن يكون معبرا عن موضوع البحث تعبيرا دقيقا ومحكما دون زيـادة ودون نقصـان بحيـث يعـرف القارئ مقدما ماذا سيقرأ بالضبط (يحدد زمانا ومكانا).

54

- أن يوضح ما إذا كانت الدراسة التي يشملها البحث هي دراسة (نظرية) أم (تطبيقية) أم كلا الأمرين معا.

- كما يجب أن يوضح على غلاف البحث - بالإضافة إلى العنوان بيانات الباحث - السنة التي تم فيها إعداد البحث، لكي يعرف القارئ مدى حداثة البحث أو قدمه.

ب) التصدير أو التقديم والإهداء (اختياري): يمكن أن يتضمن البحث العلمي في أولى صفحاته تصديرا أو تقديما للبحث بقلم أحد أساتذة التخصص الذي يتبعه البحث يقوم فيه شخصية الباحث أو موضوع البحث في كلمات قليلة لا تتجاوز الصفحة الواحدة بهدف التعريف بالباحث أو تعريف بموضوع البحث وهو تقديم ليس ضروريا لأنه مجرد إضافة قيمة علمية أو دعائية للبحث في نظر القارئ، كما يمكن للباحث - إذا أراد أن يضع في صفحة مستقلة إهداء لا يزيد عن سطر أو سطرين يهدي فيه بحثه (إهداء معنويا) إلى شخص عزيز لديه أو صاحب فضل عليه كأبيه أو أمه أو أستاذه كما يمكن أن يهديه إلى مجموعة من الناس مثل: إلى طلبة العلم أو إلى الأجيال القادمة وغير ذلك[1].

ج) المقدمة وخطة البحث: تعد مقدمة البحث ذات أهمية إذ يتم فيها تحديد مكان الدراسة ضمن الإطار العام للأعمال السابقة التي جرت في مجال الدراسة لأنها تعرف القارئ بالبحث من حيث موضوعه ومدى أهمية هذا الموضوع وموقفه في إطار المناقشات الجارية طوال إعداد البحث مع التركيز والاعتراف بفضل

(1) إميل يعقوب، دليل الباحث، ص33-34.
د. أحمد شلبي، كيف تكتب بحثا أو رسالة – ص132-146.

الأبحاث والدراسات التي تأثر بها الباحث أو سار على هدى منها فضلا أيضا عن الدراسات الأخرى التي له عليها بعض الملاحظات أو التحفظات، كما يجب أن يكون حجم المقدمة في حدود معقولة لا يتجاوزها، ويجب على الباحث أن يؤجل كتابة مقدمة البحث إلى ما بعد الانتهاء من كتابته ذاته لكي يكون موضوع البحث وأبعاده وتفاصيله قد اكتملت صورتها تماما في ذهن الباحث، وإذا فضل الباحث أن يبدأ بكتابة المقدمة فيجب عليه بعد الانتهاء من كتابة البحث أن يعود إلى المقدمة مرة أخرى فيعيد قراءتها لكي يعدل فيها ما يحتاج إلى التعديل في ضوء ما كتبه في البحث ذاته، فالمقدمة تتضمن:

- بيان أهمية الدراسة والمبررات لاختيارها موضوعا للدراسة.
- تقديم ملخص لخطة البحث.
- تعريف مقتضب لأهم المصادر والمراجع ذات الصلة بموضوع الدراسة.
- بيان الصعوبات التي لاقاها الباحث في بحثه (أحيانا).
- ذكر الشكر والثناء لمن يستحقه (أحيانا).

د) تنظيم فصول البحث: يحتاج كل موضوع من الموضوعات إلى تنظيم خاص يناسبه ،يتفق ونظامه ومجاله الخاص به، والبحث هو الذي يحدد طبيعة النص فضلا عن أن المشرف تكون له اقتراحاته وتوصياته أيضا بشأن البحث.والبحوث (عموما) تقسم إما إلى أبواب أو فصول أو فقرات، فإذا قسم البحث إلى أبواب فيفترض أن يقسم كل باب إلى فصول وكل فصل يقسم إلى فقرات: أولا (كتابة)

أوإلى 1 (رقما) أوإلى أ (حرفا) أوإلى إشارات كالنجمة والشارحة، وإذا قسم البحث إلى: أولا (كتابة) فيفترض أن تقسم كل فقرة إلى فقرة أصغر فأصغر، وهذا التقسيم قد نهجه العلماء العرب منذ القدم حيث ذكر أن حازم القرطاجني (ت684هـ تونس) له كتاب يسمى (منهاج البلغاء وسراج الأدباء)[1] يتناول فيه القول وأجزاءه، والأداء وطرقه، وأثر الكلام في السامعين، ويتناول صناعة الشعر وطريقة نظمه، ويتعمق في بحث المعاني والمباني والأسلوب.

وكل قسم من أقسام الكتاب موزع على أربعة أبواب، ويسمى كلا منها باسم (منهج) وكل باب أو منهج يتألف من فصول، أختار لكل منها اسم (معلم) أو (معرف) ويعنى (المعلم) بالتفريعات المنطقية غالبا، بينما يعنى (المعرف) بالدلالات النفسية، وكل فصل يختم بملاحظات سماها (مأما) أي (مقصدا) وكل فصل تتناثر فيه كلمات (إضاءة) و(تنوير)، والإضاءة بسط لفكرة فرعية، والتنوير بسط لفكرة جزئية.

هـ) الخاتمة: إن الخاتمة مسألة مهمة في البحث العلمي، فهي النتائج التي توصل إليها الباحث، وأحيانا تحوي المقترحات والتوصيات، ولم تكن الخاتمة بأي شكل من الأشكال (خلاصة للبحث) كما درج عليها البعض خطأ.

---

(1) منهاج البلغاء ومصادره النقدية، تحقيق د. محمد الحبيب بن الخوجه، تونس.

ثانيا : كتابة مسودة البحث:

بعد الفراغ من كتابة التصميم الجديد للبحث وأخذ موافقة الأستاذ المشرف عليه يحضر ـ
الباحث مجموعة من الورق (الأبيض المخطط) ثم ينقل عليها ما جمعه في البطاقات مرتبا بحسب ما
يقتضيه السياق، وتاركا سطرا أبيضا بين كل سطري كتابة وذلك لكي يترك مجالا لزيادة صغيرة تستجد،
ومكتفيا بالكتابة على وجه واحد من الورقة لكي يستفيد من ظهرها في حالة اضطراره لزيادة بعض
الإضافات الطويلة نسبيا ويترك مجالا للتصويبات من قبل أستاذه المشرف، وتجعل الأوراق في ملف
خاص، (كلاسير بالفرنسية classeur، وفايل بالإنجليزية file) يسهل فيه نقل الورقة أو مجموعة من
الورق دون الاضطرار إلى تمزيقها وإعادة كتابتها، ويفضل تصوير (استنساخ) الفصل قبل تسليمه إلى
الأستاذ المشرف، وليست الكتابة هنا نقلا آليا لما كتب في البطاقات، بمعنى أنها ليست جمعا لما كتب
إذ تقتضي التعديل أو الحذف أو الشرح أو التعليق أو المناقشة.. فيما يجب تعديله أو حذفه أو
شرحه أو التعليق عليه أو مناقشته ومن المستحسن ترك مساحة بيضاء بين الفقرات، والفقرة وحدة
قائمة بذاتها تظهر مستقلة في كتابه، وتتكون من مجموعة من الجمل بينها اتصال لإبراز فكرة معينة
ويفضل كتابة هذه المسودة بالقلم الرصاص.

ثالثا : كتابة مبيضة البحث:

بعد الانتهاء من كتابة مسودة البحث يلجأ الباحث إلى كتابة مبيضته فصلا فصلا وذلك بعد
قراءة المسودة والتعليق على ما نقل من المصادر والمراجع ونقده

نقدا علميا، والباحث القدير هو الذي يؤثر فيما ينقله أكثر مما يتأثر به، فإذا اكتفى بالتأثر كان ناقلا وليس باحثا، وهو مسؤول عن كل ما يورده في بحثه ولا يعفيه من المسؤولية أن يكون ما أورده قد أخذه عن باحث آخر مهما كانت مكانته العلمية، ولذلك عليه ألا ينقل إلا ما تحقق من صحته وفي هذه الكتابة يصحح أسلوبه، ويملأ الثغرات التي تركها في الكتابة الأولى، ويجب أن يحرص الباحث على الترابط المنطقي بين الفقرات ونقاط البحث بحيث تترابط هذه ترابطا منطقيا لا تكلف فيه ولا تعنت فيأخذ بعضها برقاب بعض كحلقات السلسلة بعيدا عن الاستطراد أو الإطناب الذي يفكك وحدة الموضوع ويذهب بانسجام أجزائه ويأتي بالاضطراب والخلل وتكون الكتابة بالحبر أو القلم الجاف وعلى وجه واحد من الورقة ويترك سطر أبيض بعد كل سطر كتابة، ومكان فسيح للهامش وذلك لما يستجد من إضافات، وتجب الكتابة بخط واضح مع تشكيل الآيات القرآنية، والأحاديث النبوية الشريفة، والأبيات الشعرية، وأسماء الأعلام، وكل ما يلتبس فهمه دون تحريك، كما يجب الحرص على كتابة الأعلام الأجنبية بالحرف اللاتيني بعد كتابتها بالحرف العربي، وكتابة المدة (آ) والشدة ( ) والهمزة (ء) وعلامات الوقف أو الترقيم في أماكنها الخاصة بها.

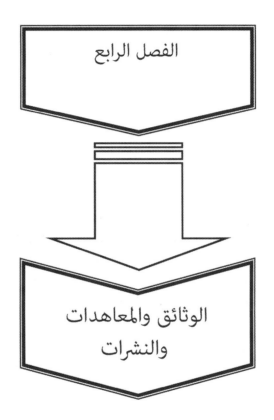

الفصل الرابع

الوثائق والمعاهدات
والنشرات

الفصل الرابع
الوثائق والمعاهدات والنشرات

أولا : تعريف الوثيقة:

هي النسخة الأصلية أو المنسوخة الصادرة عن فرد أو جماعة أو مؤسسة وهي مرتبطة بـزمن وحدث ومكان ما.

ثانيا : أنواع الوثائق:

1- وثائق بحسب عصورها:

أ- وثائق التاريخ القديم.

ب- وثائق التاريخ الوسيط.

ج- وثائق التاريخ الحديث.

د- وثائق التاريخ المعاصر.

2- وثائق بحسب موضوعاتها:

أ- وثائق سياسية.

ب- وثائق دينية.

ج- وثائق اقتصادية.

د- وثائق عسكرية... وغيرها.

إن الوثائق سواء كانت السياسية منها أم الإدارية أم غير هـذا أو ذاك هـي امتـداد لعصـور سابقة وتطور لها، لذلك فإن النماذج التي كانت سـائدة في فجـر الإسلام والدولة العربيـة في العهـد الأموي ظلت سائدة نفسها في الدولة العربية في العهد العباسي، فقد أولى العباسيون الأوائل الخطابة مكانا مرموقا في سياستهم العامة، وكذلك كان للرسائل والعهود والمناظرات دور مهم في ذلك العهد، ولقد كثرت العهود والمواثيق التي كان الخلفاء يصدرونها من أجل تعيين ولاة عهودهم مـن بعـدهم، أو التي يمنحها الخليفة لأحد الأفراد الـذين شقوا عصـا الطاعة، وجميع هذه الوثائق تمتـاز بغلبـة الناحية الدينية عليها، فهي مليئة بذكر اللـه عـز وجل، وذكر رسوله الكريم ﷺ وأهميـة العهـد والوفاء به، وهي طافحة بالسور والآيات القرآنية التي تـدعم هذا المعنى، وتشمل الوثائق (المادة الملفوظة) كالخطابة والحوارات والمناظرات وغيرها، و(المادة المخطوطة) كالرسائل والبيانات والعهود والمعاهدات وغيرها، وهـي جميعهـا تعـد مـادة مهمـة في التاريخ السياسي والإداري والاجتماعـي والاقتصادي.

- عصر فجر الإسلام:

شملت الوثائق في هذا العصر خطبا ورسائل وكتبا منها:

* خطبة رسول اللـه ﷺ في أول جمعة صلاها بالمدينة المنورة في بني سالم بـن عـوف في سنة 1هـ/622م[1].

* صلح الحديبية بين الرسول الكريم ﷺ وسهيل بن عمرو في سنة 6هـ/627م[2].

(1) أبو جعفر محمد بن جرير الطبري / تاريخ الرسل والملوك، تحقيـق محمـد أبـو الفضل إبراهيم، طبعة دار المعارف القاهرة، 1380هـ/1960م، 2/394-396.

(1) المصدر نفسه، 2/634-635.

* رسائل الرسول الكريم ﷺ التي حملها رسله إلى ملوك العرب والعجم في سنة 6هـ/627[1].

* فتح مكة المكرمة وخطبة الرسول ﷺ فيها وذلك في سنة 8هـ/629م[2].

* وجواب الرسول ﷺ على كتاب مسيلمة بن حبيب الكذاب في سنة 10هـ/631م[3].

* وكتاب خروج الأمراء والعمال على الصدقات في سنة 10هـ/631م[4].

* وحجة الوداع وخطبة الرسول ﷺ قبلها في سنة 10هـ/631م[5].

كذلك تضمن تاريخ الطبري لهذا العصر خطبة لأبي بكر الصديق ﷺ وقت توليه الخلافة سنة 11هـ/632م[6]، وكتابه ﷺ إلى قبائل العرب المرتدة ووصيته للأمراء من ذات السنة[7]، وكتاب استخلاف عمر بن الخطاب ﷺ من قبل أبي بكر الصديق ﷺ في سنة 13هـ/634[8].

(2) م.ن 644/2 وما بعدها.
(3) م.ن 60/3-61.
(4) م.ن 146/3.
(5) م.ن 147/3.
(6) م.ن 150/3-151.
(7) م.ن 223/3-225.
(8) م.ن 250/3-151.
(9) م.ن 429/3.

وخطب عمر بن الخطاب ﷺ عند توليه الخلافة[1] وخطبة عثمان بن عفان ﷺ حين توليه الخلافة[2] وخطبة الإمام علي بن أبي طالب ﷺ عند مبايعته[3].

- الدولة العربية في العصر الأموي:

ويبدأ هذا العهد بوصية معاوية لابنه يزيد سنة 60هـ/679م[4].

* خطبة عبد الله بن الزبير بعد مقتل مصعب (رضي الله عنهما)[5] والمحاورة التي دارت بينه وبين أمه أسماء بنت أبي بكر الصديق ﷺ حينما حاصره الحجاج بن يوسف الثقفي بمكة[6].

* خطبة الحاج بن يوسف الثقفي في أهل الكوفة[7].

* المكاتبات بين الخليفة عبد الملك بن مروان والحجاج[8].

* كتاب عمر بن عبد العزيز ﷺ حين ولى الخلافة إلى يزيد بن المهلب[9]، وكتابه إلى صاحب بيت المال في خراسان[10]، وكتابه إلى صاحب بيت المال في الكوفة[11] وغير ذلك.

---

(1) م.ن 4/214-215.
(2) م.ن 4/243.
(3) م.ن 4/428.
(4) م.ن 5/322-323.
(5) م.ن 6/166.
(6) م.ن 6/188-193.
(7) م.ن 6/202-205.
(8) م.ن 6/414-514.
(9) م.ن 6/566-567.
(10) م.ن 6/569.
(11) م.ن 7/218-224.

* عقد الوليد بن يزيد لابنيه الحكم وعثمان من بعده وجعلهما وليي عهده[1].

- الدولة العربية في العصر العباسي:

* لما بلغ الخليفة أبا جعفر المنصور ظهور محمد بن عبد الله بالمدينة كتب إليه فأجابه محمد، ورد عليه المنصور[2].

* عندما أراد المنصور البيعة للمهدي وكان الجند إذا رأوا عيسى بن موسى أسمعوه ما كره - وهو ابن أخي المنصور - فشكا ذلك إلى عمه فكتب المنصور له[3]، وأجابه عيسى[4].

* وصايا المنصور لمن ولي الخراج[5].

* وصيته لابنه المهدي حين عهد له بولاية العهد[6].

* خطبته في مسجد المدينة ببغداد[7].

* خطبته في المدائن عند قتل أبي مسلم[8].

* وصايا المنصور لابنه المهدي[9].

* وصيته لمن يخلفه بعد موته[10].

(1) م.ن 7/566-571.
(2) م.ن 7/566-571.
(3) م.ن 8/14-17.
(4) م.ن 8/17-19.
(5) م.ن 8/67-68.
(6) م.ن 8/71-72.
(7) م.ن 8/90-91.
(8) م.ن 8/94.
(9) م.ن 8/102-106.
(10) م.ن 8/111-112.

* نسخة كتاب المهدي إلى والي البصرة في رد آل زياد إلى نسبهم[1].

* حين تولى الخلافة هارون الرشيد أمر بإنشاء الكتب[2].

* عندما حج الرشيد عقد لابنه محمد ولاية العهد، فكانت الشهادة بالبيعة والكتاب في البيت الحرام، ونسخة الشرط الذي كتب عبد الله ابن أمير المؤمنين بخط يده في الكعبة[3].

* إن نصر بن شيث ثار في زمن المأمون في سنة 209هـ/824م فتولى عبد الله بن طاهر بن الحسين مقاتلته لخمس سنين، بعدها طلب نصر الأمان فأمره ابن طاهر أن يكتب له كتاب أمان[4]، وكتاب الأمان هذا أشبه باتفاقية سلام بين متحاربين في عصرنا الراهن، وكتاب أبو عبد الله أحمد بن يوسف تهنئة بالفتح إلى عبد الله بن طاهر عند خروج عبيد الله بن سري بمصر واستسلامه[5]، وهي أشبه ببرقيات التهنئة بالانتصارات العسكرية في زمننا الحاضر، وكتاب كتبه سعيد بن حمير يذكر فيه الوقعة بين أهل بغداد والأتراك، فقرأ على أهل بغداد في مسجد جامعها[6]، وقد بلغ ثماني صفحات من تاريخ الطبري، وهو أشبه ببيان عسكري في عصرنا.

---

(1) م.ن 8/130-131.

(2) م.ن 8/230-231.

(3) م.ن 8/599-281،281-283.

(4) م.ن، 8/599-600، ينظر: د. عبد الرحمن حسين العزاوي / التاريخ والمؤرخون، منشورات وزارة الثقافة والإعلام، مطابع دار الشؤون الثقافية، بغداد 1414هـ/1993م.

(5) الطبري/ الرسل والملوك، 8/617-618، ينظر: د.عبد الرحمن حسين العزاوي / الطبري السيرة والتاريخ، منشورات وزارة الثقافة والإعلام، مطابع دار الشؤون الثقافية، بغداد 1410هـ/1989م.

(6) الطبري/ الرسل والملوك، 9/367-368.

إن هذه الوثائق - كما سبقت الإشارة - مهمة في دراسة التاريخ السياسي، والإداري، والاجتماعي، والاقتصادي.

- العصر الحديث والمعاصر:

إن وثائق العصر ـ الحديث والمعاصر، كثيرة ومتعددة، لكثرة مشاكله، وتعدد اتجاهاته ونظرياته، وصراعاته وهي مبثوثة في دور الوثائق العالمية والوطنية والمكتبات، وفي الكتب والصحف والمجلات، وهناك وثائق محجوزة (مسجونة) لمدة (50) سنة حتى يتم الإفراج عنها للباحثين والمطلعين والمهتمين بها، وبعض الدول قصرت تلك المدة إلى (30) سنة أو أقل من ذلك.

أما بعض الوثائق المهمة (جدا) فلا يطلق سراحها إلا لمن له مأرب فيها.

وأهم وثائق (الأرشيف) في الدول الأوربية (عادة) في محفوظات وزارة الخارجية، وزارة المستعمرات، ووزارة البحرية، ومن أشهر الأرشيفات:

* أرشيف المتحف البريطاني.
* أرشيف وزارة الخارجية البريطانية.
* الأرشيف الوطني الفرنسي.
* أرشيف وزارة الخارجية الفرنسية.
* أرشيف وزارة البحرية الفرنسية.
* أرشيف مكتبة الكونجرس الأمريكية.

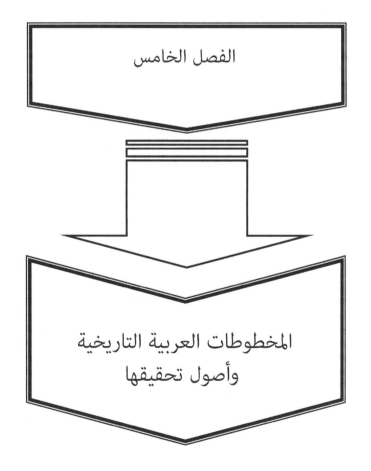

الفصل الخامس

المخطوطات العربية التاريخية
وأصول تحقيقها

71

الفصل الخامس
المخطوطات العربية التاريخية
وأصول تحقيقها

مقدمة

يعـد تـراث العـرب المسلمين في تـاريخهم الطويـل المجيـد ثـروة هائلـة يقـدرها البعـض (المختصون) بالآلاف وقيل بالملايين مـن المخطوطـات العربيـة الإسلامية وهـي ثـروة تمثل حضارة الإسلام والمسلمين بصرحها الشامخ المتين الذي لا تزعزعه صروف الدهر والسنين تلك الحضارة التي سادت أربعة عشر قرنا من الزمان وما تزال تسود ما شاء اللـه لها ذلك، فالعرب المسلمون مـن أكثر وأكبر الأمم تراثا فقد ألفوا وصنفوا في مختلف ميادين الثقافة والعلوم الإنسانية، وقد ضاع الكثير مـن هذا التراث العربي المكتوب ويقدر عدد المخطوطات العربية الموجودة في العالم بأكثر من ثلاثة ملايين مخطوط مبعثرة في مكتبات العالم الإسلامي والغربي وإن من هـذه المخطوطـات مـا هـو مجهـول لا نعرف عنه شيئا لأنه لم يفهرس أو لم تنشر فهارسه وتطبع ليطلع عليهـا العلمـاء وأربـاب الاختصـاص وخاصة مخطوطات العرب المسلمين.

73

ويعتقد البعض من- الباحثين المحدثين من العرب-أن فن تحقيق النصوص فن حـديث ابتدعـه المعاصرون من المحققين العرب أو استقوه مـن المستشرقين، الـذين سـبقونا في العصـر- الحـاضر بعـض الوقت في تحقيق شيء من تراثنا ونشره بين الناس، ولكن الحقيقة تخالف ذلك، فقد قـام فـن تحقيق النصوص عند العرب مع فجر التاريخ العربي الإسلامي فكان لعلـماء الحـديث اليـد الطـولى في إرسـاء قواعد هذا الفن في تراثنا العربي، وتأثر بمنهجهم هذا أصحاب العلوم المختلفة، وإن كثيرا مما نقوم بـه اليوم من خطوات في فن تحقيق النصوص ونشرها بدءا من جمع المخطوطات والمقابلة بينهـا ومـرورا بضبط عباراتها وتخريج نصوصها وانتهاء بفهرسة محتوياتها، لما سبقنا بـه أسـلافنا مـن علـماء العربيـة الخالدة، فالتحقيق يحتاج من الجهد والعناية ما لا يقل عـما يحتـاج إليـه التـأليف، وهنـاك مقومـات رئيسة لإقامة النص سيتناولها البحث.

أولا: تعريف المخطوطة

هي النصوص التي وصلت إلينا حاملة عنوان الكتاب، واسم مؤلفه، ومادة الكتاب علـى آخـر صورة رسمها المؤلف وكتبها بنفسه، أو يكون قد أشار بكتابتها، أو أملاها، أو أجازها[1].

أما تحقيق النص: فهو قراءته على الوجه الذي أراده مؤلفـه، أو عـلى وجـه يقـرب مـن أصـله الذي كتبه به هذا المؤلف[2]. فالتحقيق إثبات القضية بدليل، وفي

(1) د. عبد السلام هارون، تحقيق النصوص ونشرها، طبعة القاهرة (ب،ت)، ص27.
(2) د. رمضان عبد التواب، مناهج تحقيق التراث بين القدامى والمحدثين، ط1، مكتبة الخانجي القاهرة 1406هـ/1986م، ص5.

المعاجم العربية (حقق) وحققت الأمر، وأحققته: كنت على يقين منه، فلغـة التحقيـق هـو: الإحكام والتصحيح والإثبات.

أما في مجال تحقيق النصوص: هو ما وصل إلينا مكتوبـا في أي علـم مـن العلـوم أو فـن مـن الفنون، أو هو بالتالي: هو ما خلفه العلماء أو ما أنتجوه أو صنفوه في فروع المعرفة المختلفـة، ولهـذا فالتراث ليس محددا بتاريخ معين[1]، إذ قد يموت أحد العلماء في عصرنا هذا فيصبح ما خلفه مكتوبـا تراثا بالنسبة لنا وللأجيال القادمة، ومن ذلك ما كتبه المحامي المؤرخ عباس العزاوي، و أ.د. مصطفى جواد، وعباس العقاد، ومحمد مندور، وأمين الخولي، وغيرهم يعد تراثا لا يقل في أهميتـه عـما خلفـه لنا الأسلاف.

ثانيا: أصول النصوص وكيفية جمعها:

إن أعلى النصوص هي المخطوطات التي وصلت إلينا حاملة عنوان الكتاب، واسـم مؤلفـه، ومادة الكتاب على آخر صورة رسمها المؤلف وكتبها بنفسه، أو يكون قد أشـار بكتابتها أو أملاهـا أو أجازها ومثل هذه النسخ تسمى (النسخة الأم)[2]، وتلي نسخة الأم النسخة المأخوذة منها ثم فرعهـا، ثم فرع فرعها وهكذا، وهذا الضرب من المخطوطات يعد أصولا ثانوية إن وجد معهـا الأصـل الأول، أما إذا عدم الأصل فإن أوثق المخطوطات يرتقي إلى مرتبته ثم يليه ما هو أقل منه وثوقا.

---

(1) م.ن، ص8.

(2) عبد السلام هارون، تحقيق النصوص ونشرها، (المرجع السابق)، ص27.

وينظر: رمضان عبد التواب، مناهج تحقيق التراث، ص60

وهناك نوع من الأصول هو كالأبناء الأدعياء وهو الأصول القديمة المنقولة في ثنايا أصول أخرى، أما النسخ المطبوعة التي فقدت أصولها أو تعذر الوصول إليها يهدرها كثير من المحققين، على حين يعدها بعضهم أصولا ثانوية في التحقيق، أما المصورات من النسخ فهي بمنزلة أصلها[1]، وفي هذا المجال هناك إشكالية المسودات التي يهذبها ويخرجها، أما المبيضة فهي التي سويت وارتضاها المؤلف كتابا يخرج للناس في أحسن تقويم، فالمبيضة هي الأصل وإذا وجدت معها مسودته كانت المسودة أصلا ثانويا استئناسيا لتصحيح القراءة.

إن وجود نسخة للمؤلف لا بد من دلالة قاطعة على أن هذه النسخة هي النسخة نفسها التي اعتمدها المؤلف، فإن بعض المؤلفين يؤلف كتابه أكثر من مرة فمثلا الجاحظ ألف كتابه (البيان والتبيين) مرتين، وبين بأن الثانية (أصح وأجود)[2].

ولا يمكن بوجه قاطع أن نعثر على جميع المخطوطات التي تخص كتابا واحدا إلا على وجه تقريبي مهما أجهد المؤلف نفسه للحصول على أكبر مجموعة من المخطوطات، فإنه سيجد وراءه معنيا يستطيع أن يظهر نسخا أخرى من كتابه وذلك لأن الذي يستطيع أن يصنعه المحقق هو الذي يبحث في فهارس المكتبات العامة، وبعدها الرجوع إلى المكتبات الخاصة ثم الكتب التي تناولت هذا الموضوع مثل كتاب كارل بروكلمان في كتابه تاريخ الأدب العربي، الذي يعد من أجمع المراجع التي عنيت

---

(1) عبد السلام هارون، ص28-30.

(2) عبد السلام هارون، ص30-31، ص36-37.

بالدلالة على مواضع المخطوطات وكذلك كتاب تاريخ آداب اللغة العربية لجرجى زيدان، وأيضا فؤاد سزكين في كتابه تاريخ التراث العربي، فإذا أراد الباحث أن ينقب بنفسه في فهارس المكتبات العامة وملحقاتها الحديثة وساءل الخبراء بالمخطوطات مستدلا على مواضعها أمكنه أن يقع على ما تطمئن نفسه اليه، مثل: المكتبة الوطنية بباريس، مكتبة جامعة ليدن بهولندا، مكتبة الفاتيكان بروما، مكتبة المتحف البريطاني بلندن، مكتبة الكونجرس بواشنطن، مكتبتي مدريد والإسكوريال بإسبانيا، ودور الكتب والمخطوطات في العراق،و مصر،و المغرب، وتركيا.

ثالثا:فحص النسخ:

يواجه فاحص المخطوطة جوانب شتى يستطيع بدراستها أن يزن المخطوطة ويقدرها قدرها، وعلى النحو الآتي:

1- أن يدرس ورقها ليتمكن من تحقيق عمرها ولا يخدعه ما أثبت فيها من تواريخ قد تكون مزيفة، ويروي القفطي أن ابن سينا صنع ثلاثة كتب بعنوان واحد، أحدها على طريقة بن العميد والثاني على طريقة الصاحب بن عباد، والثالث على طريقة الصابئ وأمر بتجليدها وإخلاق جلدها لتحوز بذلك على أبي منصور الجبان، ولا ريب أن هذا التزييف قصد به المزاح، ولكنه يدلنا على أن التاريخ يحمل في بطونه دلائل على حدوث التزييف.

2- أن يدرس المواد فيتضح له قرب عهده أو بعد عهده.

3- أن يدرس الخط - فإن لكل عصر نهجا خاصا في الخط ونظام كتابته يستطع الخبير الممارس أن يحكم في ذلك بخبرته.

4- أن يفحص اطراد الخط ونظامه في النسخة، فقد تكون النسخة ملفقة فيهبك ذلك بقيمتها أو يرفعها.

5- أن يدرس عنوان المخطط وما يحمل صدره من إجازات وتمليكات وقراءات.

6- قد يوجد في ثنايا النسخة ما يدل على قراءة لبعض العلماء أو تعليقاتهم.

7- أن ينظر إلى أبواب الكتاب وفصوله وأجزائه حتى يستوثق من كمال النسخة وصحة ترتيبها وكثير من الكتب القديمة يلتزم نظام (التعقيبة) وهي الكلمة التي تكتب في أسفل الصفحة اليمنى غالبا لتدل على بدء الصفحة التي تليها فبتتبع هذه التعقيبات يمكن الاطمئنان إلى تسلسل الكتاب[1].

8- أن ينظر في خاتمة الكتاب لعله يتبين اسم الناسخ، وتاريخ النسخ، وتسلسل النسخة.

هذه هي أهم الجوانب الجديرة بعناية الفاحص، وقد يجد أمورا أخرى تعاونه على تقدير النسخة، فلكل مخطوط ظروف خاصة تستدعي دراسة خاصة وعلى المحقق أن يلاحظ عدة أمور منها:

أ- أن النسخ الكاملة أفضل من النسخ الناقصة.

ب- أن النسخ الواضحة أحسن من غير الواضحة.

ج- أن النسخ القديمة أفضل من الحديثة.

د- أن النسخ التي قوبلت (مقارنة) بغيرها أحسن من التي لم تقابل.

---

(1) عبد السلام هارون، ص37-38.

والقاعدتان الأخيرتان أهم من غيرهما إلا أن لهذه القواعد شواذ منها[1]. كتـاب (اللمـع في التصوف) لأبي السراج الصوفي له مخطوطتان كتبت أقدمها سنة 548هـ وكتبت الأخيـرة منهـا سـنة 683هـ والقديمة، وإن كانت غير كاملة ومنها نقص في مواضع كثيرة فالناس بنى اعتمدت طبعته على النسخة الحديثة، ولم يستعمل النسخة القديمة إلا في تصحيح النص. فتقديم التاريخ للنسخة لـيس وحده مبررا لتفضيلها، ولهذا تحتاج إلى حجج أقوم وأثبت من تاريخ النسخة منها:

علامات ظاهرة، ودلائل باطنة، فالأولى تتمثل في:

أ- من هو كاتبها، فالأسلم أن يكون المؤلف هو كاتبها بيده.

ب- لكل عالم مشهور طالب نقل عنه سماعا أو استملاء أو استنساخا وهذه الطرق كلها جيـدة كافيـة بشرط أن يبذل الأستاذ جهده في التصحيح.

ج- الناسخ: فالنساخ تهمهم سرعة الانتهاء من الكتاب وحسن منظره.

د- الأصل المنقول عنه، فقد يذكر في آخر النسخة، وفي بعض الأحيان شيء عن تاريخ كتابتها.

هـ- ذكر اسم المكتبة المحفوظ فيها المخطوط[2].

أما الدلائل الباطنة فكثيرا ما تفقد الدلائل الظاهرة، فيجب على الناقد أن يبحث عـن دلائـل باطنة وأهمها الإخلال، والتقديم والتأخير، ثم التصحيف والتحريف (الأخطاء) لأنه إذا انفكـت ورقـة من الكتاب ثم وضعت في غير موضعها،

---

(1) برجستراسر- أصول نقد النصوص ونشر الكتب، إعداد وتقديم د.محمد حمدي البكري، ط القاهرة 1389هـ/1969م، ص14.

(2) برجستراسر، ص15-21..

أو سقطت بعض ورقات ثم نسخ الكتاب من النسخة التي وقع التبادل بـين أوراقها وقـع في الثانية بالضرورة تقديم أو تأخير أو خلل لا يظهر له سبب في النسخة الثانية لأن الخلـل في النسـخة الثانية يكون في أي موضع من وسط الصفحة بينما يكون في النسخة الأولى بـين ورقتيـن أي في آخـر ورقة وأول الورقة الثانية.

(مثال على ذلك): ديوان قيس بن الخطيم الذي نشر ـ في سـنة 1914م، في ليـبزخ، له نسختان الأولى قديمة كتبت سنة 419هـ وهي محفوظة في الأستانة والثانية حديثـة كتبـت القرن التاسع عشر الميلادي وهي محفوظة في دار الكتب المصرية، وقد سقطت مـن النسـخة الأولى بعض ورقات قبيل آخر الكتاب، واجتهد أحد الأدباء من سد الخلل فأدخـل في موضـع الورقات الساقطة ورقات جديدة كتب فيها بعض ما كـان مـن الـورق السـاقط مـن النسـخ الأصلية، ولم يفرق من أي النسخ نقل ذلك، غير أنه لم يعثر علـى كـل مـا سـقط فـترك البـاقي خاليا[1].

وإن أولى أوراق المخطوطـة (رسـوم دار الخلافـة) لهـلال بـن المحسـن الصـابئ، فيهـا عنـوان الكتاب وصدر المقدمة قد سقطت فاستعيض عنها بورقة كتبت في زمن متأخر بخط متوسط يخالف خط الأصل[2].

---

(1) م.ن، ص22.
(2) الصابئ، رسوم دار الخلافة، تحقيق ميخائيل عواد، مط العاني، بغداد 1383هـ/1964م، ص41.

رابعا: الأخطاء (التصحيف والتحريف):

إن التصحيف هو: تغير المعنى بتغير مواقع النقط، أي أنه خاص بالالتباس في نقط الحروف المتشابهة في الشكل، كالباء والتاء والثاء مثلا، فإن صور تلك الحروف واحدة، ولا يفرق بعضها، مثال ذلك: أكل الطفل نمرا، والصواب: أكل الولد تمرا!؟

أما التحريف فهو: تغير صيغة اللفظ إلى لفظ آخر فيتغير المعنى "بحيث لا ينقل النص كاملا بجمله وكلماته وحروفه" أي أنه خاص بتغير شكل الحروف ورسمها كالدال والراء، والدال واللام مثلا في الحروف المتقاربة الصورة.

إن التصحيف والتحريف هما أكبر آفة منيت بها الآثار العلمية، فلا يكاد كتاب يسلم منها، وتاريخ التصحيف والتحريف قديم، وقد وقع فيه جماعة من الفضلاء من أئمة اللغة، وأئمة الحديث، ورجالات العلوم الأخرى، حتى قال الإمام أحمد بن حنبل: "ومن يعرى من الخطأ والتصحيف..؟". فالعسكري (أبو أحمد الحسن) يفرق بين مدلولي الكلمتين، بقوله"شرحت في كتاب [التصحيف والتحريف] هذه الألفاظ والأسماء المشكلة التي تتشابه في صورة الخط فيقع فيها التصحيف ويدخلها التحريف.

أما الخليل بن أحمد الفراهيدي البصري، فيقول عن الصحفي والتصحيف:

"إن الصحفي الذي يروي الخطأ عن قراءة الصحف بأشباه الحروف".

وقال غيره: أصل هذا أن قوما كانوا قد أخذوا العلم عن الصحف من غير أن يلقوا فيه العلماء، فكان يقع فيما يرونه التغيير، فيقال عند ذلك: قد صحفوا، أي ردده عن الصحف، وهم مصحفون، والمصدر هو التصحيف.

أما ابن حجر العسقلاني في شرح نخبة الفكر فيفرق بين النوعين فرقا واضحا، قال: "إن كانت المخالف بتغيير حرف أو حروف مع بقاء صورة الخط في السياق، فإن كان ذلك بالنسبة إلى النقط فالمصحف، وإن كانت بالنسبة إلى الشكل فالمحرف.."

ومن التصحيف والتحريف ما يكون نتاجا لخطأ السمع لا لخطأ القراءة، كأن يملي المملي كلمة - ثابت، فيسمعها الكاتب ويكتبها نابت[1].

إن الأخطاء في (التصحيف والتحريف) تدل على كون النسخة مأخوذة من غيرها، مثال كتاب (الآثار الباقية) للبيروني المتوفى سنة 440هـ/م فكل النسخ تتفق في الخلل الكبير والصغير وفي الغلطات الكثيرة، فالنسخة الأصلية التي أخذت منها كل النسخ كانت غير مجلدة وثبت بعض الكراريس منها على ترتيب معلوم وانفك بعض الأوراق منها فوضعت في غير موضعها، وكان ظهر الكراريس ممسوحا وهوامش الأوراق مخرومة وقل فيها التنقيط والتشكيل، كما أن النسخة الواحدة لا تؤخذ أحيانا من أصل واحد بل من عدة نسخ وبخاصة إذا نقص من أحدها شيء وكملها أحد وأخذ الناقص من نسخة أخرى[2]. كما حدث في ديوان قيس بن

(1) د. عبد السلام هارون، المرجع السابق، ص65.
أنظر: رمضان عبد التواب، المرجع السابق، ص124.
(2) برجستراسر، ص24، 80.

الخطيم المذكور سابقا، وفي تعاملنا مع المخطوطات العربية ينبغي أن ننتبه إلى تلك الحقيقة وألا نقلل من شأن مخطوطة يغلب عليها الاضطراب واختلاط الأسطر ويكثر فيها الضرب (الشطب) فقد تكون مسودة المؤلف، وبذلك تكون أوثق وأقوم من أي نسخة أخرى متأخرة مهما بلغت من الأناقة وجمال الخط وحسن الإخراج[1].

خامسا: تحقيق النصوص:

ذكرنا في بداية حديثنا عن المخطوطة معنى تحقيق النص والتحقيق من حيث أن التحقيق في اللغة، هو الإحكام والتصحيح والإثبات، والاصطلاح يقصد به بذل عناية خاصة بالمخطوطات حتى يمكن التثبت من استيفائها لشرائط معينة، فقد تزيف مصادر (موارد) التاريخ والآثار لأغراض أو أهداف مسبقة كالشهرة أو المكسب المادي أو للمزاح في حالات نادرة، فالبعض لا يتورع من التلاعب بما لديه من نصوص، ومن محاولة تبديلها والإضافة إليها، والحذف منها وتصحيحها لغايات متباينة - كما قلنا - بعضها بريء وأكثرها غير بريء، صحيح أن تزييف الأصول والوثائق والآثار أكثر منه في الماضي، وذلك لتضييع وإخضاع المعرفة والتقنية والعلوم لأهداف غير سليمة وغير نبيلة، ولم يقتصر التزييف على علم أو فن ما، بل شمل كثيرا من العلوم والمعارف، بخلاف مما يراه بعض الباحثين من أن تزييف الأصول والوثائق صار اليوم أصعب منه في الماضي! لاعتقادهم أن العلم المتطور والتقنية الحديثة العالية، ووسائل الاتصال المباشر وغير المباشر كفيلان بكشف حالات

(1) عبد الستار الحلوجي، المخطوط العربي منذ نشأته إلى آخر القرن الرابع الهجري، مطابع جامعة الإمام محمد بن سعود الإسلامية، الرياض 1398هـ/1978م، ص148.

التزييف والتزوير، هذا صحيح، ولكنه نسبي، فالكتاب المحقق هو الذي صح عنوانه، واسـم مؤلفه، ونسبة الكتاب إليه، وكان أقرب ما يكون إلى الصورة التي تركها عليه مؤلفه، وعـلى ذلـك فـإن الجهود التي تبذل في المخطوط يفترض أن تتناول البحث في الزوايا التالية:

1- تحقيق عنوان الكتاب:
إن بعض المخطوطات يكون خاليا من العنوان إما لـ:
أ- فقدان الورقة الأولى منها.

ب- انطماس العنوان.

ج- أحيانا يثبت على النسخة عنوان واضح جلي ولكنه يخالف الواقع (المضمون أو المتن).

- بداع من دواعي التزييف.

- أو لجهل قارئ ما وقعت إليه نسخة مجردة من عنوانها فأثبت ما خاله عنوانها.

فالتحقيق من العنوان يدعونا بالرجوع إلى كتب المؤلفـات كالفهرسـت لابـن النـديم وكشف الظنون عن أسامي الكتب والفنون لحاجي خليفة، ومفتاح السعادة ومصباح السيادة في موضوعات العلوم لطاش كبرى زادة، وتاريخ الأدب العربي لكارل بروكلمان، وتاريخ آداب اللغة العربيـة لجرجـي زيدان، أو كتب التراجم والوفيات: ككتاب وفيات العيان - لابن خلكان، والوافي بالوفيات - للصفدي، وفوات الوفيات - لابن شاكر الكتبي، والوفيات - لابن قنفذ، ونهايـة الأرب في فنـون الأدب للنـويري، ومعجم الأدباء (إرشاد الأريب إلى معرفة الأديب) لياقوت

الحموي، أو أن المحقق قد تكون له خبرة خاصة بأسلوب مؤلف من المؤلفين، وأسماء ما ألف من كتب فتضع تلك الخبرة في يده الخيط الأول للوصول إلى حقيقة عنوان الكتاب[1].

2- تحقيق اسم المؤلف:

إن معرفة كاتب الأصل التاريخي وشخصيته مسألة مهمة، لأن قيمة المعلومات التي يوردها ترتبط بشخصية المؤلف، ومدى فهمه للحوادث، وبالظروف التي تحيط به على وجه العموم، وهنا تشبه مهمة الباحث مهمة القاضي أو المحقق، وإن اختلفت الظروف، إذ بوسع القاضي أن يستدعي شهود الحوادث (الوقائع) أمامه فهم أحياء، وينطقون - بحسب ما تمليه عليهم مواقفهم -بالحق أو بالكذب، ولكن هذا المثول للشهود لا يتوافر للباحث، الذي كتب عليه أن يشد الرحال من الحاضر إلى الماضي عبر الأصول (المصادر)، وبحسب مكانته العقلية والعلمية وملكته على التحليل ونقده للروايات والأخبار والنصوص، وقد تضيع جهود المؤرخ لمعرفة اسم كاتب الأصل التاريخي فيظل مجهولا، وإن كان هذا لا يمنع من الإفادة من الكتاب، وربما يكون هذا الكتاب (المجهول المؤلف) هو المصدر الوحيد لما قدمه من المعلومات، ومن الأمثلة على ذلك "كتاب العيون والحدائق في أخبار الحقائق" الذي لم يعرف اسم كاتبه حتى الآن، وقام بنشر الجزء الثالث المستشرق دي غويه وطبع بليدن 1869م، وقامت بتحقيق الجزء الرابع منه بمجلدين الأستاذة نبيلة عبد المنعم داود وطبع في

---

(1) عبد السلام هارون، ص39-40، ينظر: رمضان عبد التواب، ص60.

بغداد 1972-1973، وكتاب "أخبار الدولة العباسية وفيه أخبار العباس وولده" تحقيق د. عبد العزيز الدوري ود. عبد الجبار المطلبي، وطبع في دار الطليعة للطباعة والنشر - بيروت 1971.

وتوضح هذه الأمثلة (على سبيل المثال لا الحصر) مدى الصعوبات التي تواجه الباحث وتعترضه في التاريخ عند السعي إلى إثبات شخصية كاتب أصل تاريخي ما، وتوضح بجلاء اختلاف الباحثين في استنتاجاتهم وما يتعرضون له من دواعي الشك. فأحيانا تفقد النسخة اسم المؤلف، فمن العنوان يمكن أن نهتدي إلى ذلك الاسم بمراجعة فهارس المكتبات أو كتب المؤلفات أو كتب التراجم التي أخرجت إخراجا حديثا وفهرست فيها الكتب كمعجم الأدباء لياقوت أو غير ذلك من الوسائل العلمية، على أن اشتراك كثير من المؤلفين في عنوانات الكتب يحملنا على الحذر الشديد في إثبات اسم المؤلف المجهول إذ لا بد من مراعاة اعتبارات تحقيقه ومنها المادة العلمية للنسخة ومدى تطويعها لما يعرفه المحقق عن المؤلف وحياته العلمية وعلى أسلوبه وكذلك عن عصره، وأحيانا تدل المصطلحات الرسمية في الكتاب على ما يوجهنا إلى تعيين عصر المؤلف، ويظهر ذلك لمن قرأ شيئا من هذه المصطلحات في صبح الأعشى للقلقشندي[1].

---

(1) عبد السلام هارون، ص41.

3- تحقيق نسبة الكتاب إلى مؤلفه:

نقول، ليس بالأمر الهين أن نؤمن بصحة نسبة أي كتاب كان إلى مؤلفه سيما الكتب التي ليست لها شهرة فيفترض أن تعرض هذه النسبة على فهارس المكتبات والمؤلفات الكتبية وكتب التراجم لنستمد منها اليقين بأن هذا الكتاب صحيح الانتساب، فمعرفة القدر العلمي لمؤلف ما يسعف في التحقيق بنسبة الكتاب، وتعد الاعتبارات التاريخية من أقوى المقاييس في تصحيح نسبة الكتاب[1]، وقد نصادف أحيانا مخطوطا فقد ورقته الأولى التي تظهر اسم الكتاب والمؤلف وفقد آخره أيضا فيفترض في هذه الحالة من بذل كل جهد لاكتشاف المخطوط والوصول إلى معرفة هويته، فإذا كانت مقدمة المخطوط موجودة فيمكن الرجوع إليها فقد يكون فيها اسم المؤلف أو اسم الكتاب، وإذا كانت المقدمة غير موجودة فيفترض مطالعة المخطوط لمعرفة موضوعه، وقد تصادف في داخل النص إشارات إلى المؤلف، وإلا فيفترض الرجوع إلى كتب المصادر لمعرفة ما قد ألف في موضوع الكتاب فقد يمكن التخمين ثم الاهتداء على معرفة المؤلف أو الكتاب[2]. ثم درس المكان الذي عاش فيه المؤلف، والزمان الذي دون فيه أخباره، ومعرفة ميوله ونزعاته ودرجة علمه وذكائه واتصاله بالحوادث التي يروي أخبارها[3].

سادسا: تحقيق متن الكتاب:

فإن متن الكتاب وحكم المؤلف على عصره وبيئته وهي اعتبارات تاريخية لها حرمتها وللمؤلف وحده حق التبديل والتغيير، وإذا كان المحقق موسوما بصفة الجرأة فأجدر به أن يتنحى عن مثل هذا العمل وليدعه لغيره، إن التحقيق نتاج خلقي لا

(1) م.ن، ص42-43.

(2) صلاح الدين المنجد، قواعد فهرسة المخطوطات العربية، ط1، بيروت، 1394هـ/1973م.

(3) أسد رستم، مصطلح التاريخ، ط3، المطبعة العصرية، بيروت 1375هـ/1955م، ص25.

يقوى عليه إلا من وهب خلتين شديدتين (الأمانة والصبر). فالمحقق إذا فطن إلى خطأ نبـه عليه في الحاشية (الهامش) أو في آخر الكتاب، ويبين وجه الصواب فيه، وبذلك يحقق الأمانة ويـؤدي واجب العلم[1]. أما اختيار الآيات القرآنية الكريمة لا يكفي منها أن ترجع إلى المصحف المتـداول بـل يفترض من الرجوع إلى كتب القراءات وكتب التفسير، وأما نصوص الحديث النبوي الشريف فإنها تختبر بعرضها على مصادر الحديث لقراءة نصها وتخريجها. فواجب المحقق إزاء كـل نـص مـن النصوص المضمنة من الأمثال والأشعار ونحوها فيفترض أن يتجه إلى مصادرها ليستعين بها في قراءة النص وتخريجه، هذه الضروب الثلاثة من النصوص هي أخطر ما يجب فيه الدقة والحرص والتريـث وليس معنى ذلك أن نستهين بغيرها، ولكن معناه أن نبذل لها من اليقظة والحرص ما يعادل خطرها البالغ[2].

1- خطر تحقيق المتن:

التحقيق يحتاج من الجهد والعناية إلى أكثر مما يحتاج إليه التأليف كـما يـرى ذلـك البعض، وهناك مقومات رئيسة لإقامة النص منها التمرس بقراءة النسخة قراءة سليمة، وإذا عـرف أسـلوب المؤلف وألم إلماما كافيا بموضوع الكتاب استطاع أن يمضي- في التحقيـق مستعينا بالمصادر والمراجـع العلمية التي يمكن تصنيفها على الوجه التالي:

أ- كتب المؤلف نفسه مخطوطها ومطبوعها.

ب- الكتب التي لها علاقة مباشرة بالكتاب كالشروح والمختصرات والتهذيبات.

---

(1) عبد السلام هارون، ص45.
(2) م.ن، ص48.

ج- الكتب التي اعتمد في تأليفها اعتمادا كبيرا على غيرها من الكتب، فكثيرا ما تحتفظ بالنص الأصلي للكتاب الأول، مثل كتاب عيون الأخبار لابن قتيبة من الكتب التي اعتمدت على كتاب الحيوان للجاحظ.

د- الكتب التي استقى منها المؤلف؛ فإذا اهتدى إليها كان ذلك مساعدا له على إقامة النص.

هـ- الكتب المعاصرة للمؤلف التي تعالج الموضوع نفسه.

و- المصادر اللغوية وهي المقياس الأول الذي تشير به صحة النص وتقسم إلى ضروب.

- معاجم الألفاظ/ مثل لسان العرب لابن منظور وتاج العروس للزبيدي.

- معاجم المعاني/ مثل فقه اللغة للثعالبي.

- معاجم الأسلوب/ مثل جواهر الألفاظ لقدامة بن جعفر.

- كتاب المعربات/ شفاء العليل للخفاجي.

- معاجم اللغات/ التي تمت بصلة وثيقة إلى العربية كالفارسية (المعربة).

ز- المصادر النحوية.

ح- المصادر العلمية الخاصة/ فكتاب الأدب يحتاج إلى مصادر الأدب والتاريخ.

2- معالجة النصوص وتصحيح الأخطاء:

تجلب إلينا مخطوطات المؤلف الواحد صورا شتى من الروايات وفي كثير مـن الأحـايين، نجـد أن بعض النسخ قد انفردت بزيادات لا نجدها في النسخ الأخرى،

فهذه الزيادات يفترض أن توضع تحت الفحص والخبرة ليحكم المحقق بمدى صحتها وانطباقها على سياق النسخة وأسلوب المؤلف، فالعبارات الأصيلة التي تزيد بها بعض النسخ على الأخرى ويؤيدها الفحص فهي جديرة بالإثبات، وقد يجد المحقق في تخالف روايات النسخ ما يعينه على استخراج الصواب من نصوصها فيختار من بينها ما يراه مقيما للنص مؤديا إلى حسن فهمه، والأمانة تقتضيه أن يشير في الحواشي (الهوامش) إلى النصوص التي عالجها لتنتزع من بينها الصواب وألا يفضل الإشارة إلى الروايات الأخرى التي قد يجد القارئ فيها وجها أصوب من الوجه الذي ارتآه ونذكر هنا نماذج لتصحيح بعض التحريفات:

احتراز = اجترار خردل = قرزل

لم يتحرك = لم يتحول يغشى الضراء = يمشى الضراء

ومثله : روى شختي عن بختي عن شفتان البوري.

والأصل: روى شيخي عن يحيى عن سفيان الثوري.

3- تقديم النص:

إن تقديم النص يقتضي التعريف بالمؤلف، وبيان عصره وما يتصل بذلك من تاريخ، كذلك يقتضي عرض دراسة خاصة بالكتاب وموضوعه وعلاقته بغيره من الكتب التي تمت إليه بسبب من الأسباب، وتقديم دراسة فاحصة لمخطوطات الكتاب مقرونة بالتحقيق العلمي الذي يؤدي إلى صحة نسبة الكتاب والاطمئنان إلى متنه، وقد جرت العادة أن يصور (يستنسخ) في ذلك وجه الكتاب وبعض صفحاته سيما صفحتيه الأولى والأخيرة لأنهما أدق الصفحات في التعبير عن تقدير المخطوطات،

ومن المستحسن ألا يقدم ذلك إلى المطبعة إلا بعد الفراغ من طباعة نص الكتاب، وذلك لتيسير الإشارة من المقدمة إلى ذلك النص، وليتمكن المحقق من تقييم دراسته في ضوء النسخة الأخيرة التي تخرجها المطبعة.

أ- إعداد الكتاب للطبع: إن الأصل المعد للنشر يفترض أن يكون دقيقا مراجعا تمام المراجعة مراعيا في كتابته الوضوح والتنسيق الكامل.

ب- الترقيم: علامات مطبعية حديثة تفصل بين الجمل والعبارات، أو تدل على معنى الاستفهام، أو التعجب، وهي مقتبسة من نظام الطباعة الأوربي، ويعتبر الكتاب الغربيون الالتزام باستعمال علامات الترقيم من مقومات الكتابة الصحيحة[1]، وأبرز هذه العلامات: النقطة، النقطتان، الفاصلة، الفاصلة المنقوطة، علامة الاستفهام، علامة التعجب، والقوس الصغير، والقوسان الصغيران، ومن أهم علامات الترقيم عندهم النظام المعروف باسم حروف التاج (CAPITALIZATION). كما أنهم يعدون الجملة التي لم تنته بنقطة غير كاملة وإن كان معناها مستوفيا[2].

4- تنظيم الفقار والحواشي:

كان القدماء لا يعتنون بتنظيم الفقرات إلا بقدر يسير، فكان بعضهم يضع خطا فوق أول كلمة من الفقرة، وبعضهم يميز تلك الكلمة بأن يكتبها بمداد مخالف، أو يكتبها بخط كبير. أما الحواشي والتعليقات فلم يكن لها نظام عند الأقدمين إذ

---

(1) د. عبد الله فياض، التاريخ فكرة ومنهجا، ط غبداد 1393هـ/1972م، ص100.

(2) م.ن، ص100.

كانت توضع أحيانا بين السطور أو في جوانب الصفحة، أما المحدثون فابتغوا في ذلك طرقا عدة.

أ- أن تعزل الحواشي في أسفل الصفحة بحرف مخالف.

ب- أن تلحق الحواشي بنهاية الكتاب، ويكتفي بإدراج الإشارات إلى اختلاف النسخ في حواشي صلب الكتاب.

ج- أن يلحق الضربان رأي التعليقات وذكر اختلاف النسخ في نهاية الكتاب، كما أن البعض ينظم الهوامش متسلسلة في أسفل الصفحة الواحدة، ومنهم من يجعل هذه الأرقام ممتدة إلى الرقم (100) في تسلسلها ثم يعود إلى الرقم (1) من جديد، الطريقة الأولى أفضل، وهناك فرق أساسي بين الهوامش والحواشي وذلك أن الفراغ من على جانبي الصفحة من الكتاب محدود المساحة، وكثيرا ما نجد أن المكان الذي يخصص للحاشية أيضا غير محدد تحديدا ثابتا، بينما مكان الهامش ومساحته في آخر (أسفل) الصفحة يمكن أن يكون بقدر ما يشاء الكاتب، ولذا كانت الهوامش الوسيلة الوحيدة المجدية لإثبات الاستطرادات والإضافات التي لا تشكل جزءا رئيسا من المتن، وفي عصر المخطوطات لا نجد أثرا للهوامش بعكس الحواشي التي كان المؤلف يترك لها فراغا على جانبي صفحة المخطوطة[1].

---

(1) روزنثال فرانز، مناهج العلماء المسلمين في البحث العلمي، تعريب، د. أنيس فريحة، مط دار الثقافة – بيروت 1381هـ/1961م، ص109-110.

5- وضع الفهارس وترتيبها:

يوضع فهرس المحتويات عادة في نهاية الكتاب، ويرجح بعض الباحثين وضع الفهرس في أول الكتاب (بعد المقدمة)، ومنهم من يجعله تفصيليا، والطريقة الأولى أكثر شيوعا لذا نرجح اتباعها، وقد أصبحت الفهارس الحديثة من مكملات عملية تحقيق النصوص ونشرها فبدونها لا يمكن أن تتحقق الفائدة والفهارس تختلف من كتاب إلى آخر وموضوع الكتاب يحدد نوعها وعددها، ولا يشترط أن تتوافر الأنواع كلها في أي بحث وإنما يشترط أن يتوافر منها في البحث ما هو فيه، ومن طبيعته، وقد يكون في بحث من الفهارس ما لا يكون في الآخر، وقد يكون في الأخرى ما لا يكون في غيره، وقد يكون في فهرس واحد أو فهرسين ويكون في بحث ثلاثة أو أربعة أو أكثر ويمكن أن نعدد من أنواع هذه الفهارس ما يأتي:

أ. فهرس الآيات القرآنية (بحسب ورودها في المخطوط أو بسبب حروف المعجم).

ب. فهرس الأحاديث النبوية الشريفة.

ج- فهرس الأعلام (الأشخاص).

د- فهرس الأماكن والبلدان.

هـ- فهرس الأشعار أو الأراجيز.

و- فهرس المصطلحات والمفردات الطبية.

ز- فهرس الأمثال.

ح- فهرس القوافي (الأبيات...الأشطر...البحور).

ط- فهرس الكتب الواردة.

ي- فهرس المصطلحات الفنية.

ك- فهرس المفردات اللغوية.

ل- فهرس الأحداث.. السنون (بالسنوات الهجرية والميلادية).

م- فهرس الصور.

ن- فهرس المصادر والمراجع.

س- فهرس المحتويات والموضوعات.

وترتيب الفهارس يشمل: ترتيب كل فهرس في نطاق نفسه،وترتيبه مع غيره من الفهارس، فترتيب الفهارس آخر عمل الناشر، ثم يظهر الكتاب، وينتقده العلماء، ويرى الناشر في هذا النقد بعض ما لم يكن توصل إلى إتقانه عند النشر وينتج من كل هذه الانتقادات تصحيحات واستدراكات يجدر بالناشر أن يجمعها من مكان واحد يسهل الوصول إليه، والأولى أن ينشر بها ملحقا بعد نشرـ الكتاب بعدة سنوات يذكر فيه التصحيحات وينتقد منها ما لا يوافق عليه[1].فالفهرسة إذن بمعناها هو وصف المخطوط وتقديم كل ما يقدم لنا صورة دقيقة عنه و الفهرسة تتضمن الأمور التالية:

أ- ذكر اسم الكتاب كما هو مثبت على المخطوط.

ب- ذكر اسم المؤلف كاملا.

ج- ذكر فاتحة المخطوط (أوله) وخاتمة المخطوط (آخره).

---

[1] برجستراسر، ص121.

د- ذكر عدد ورقات المخطوط.

هـ- ذكر نوع الخط والحبر.

و- ذكر اسم الناسخ وتاريخ النسخ.

ز- الجلد ومصدر المخطوط.

ح- ملاحظات عامة[1].

---

(1) المنجد، ص160.

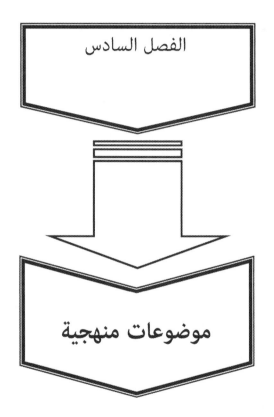

الفصل السادس

موضوعات منهجية

الفصل السادس

موضوعات منهجية

أولا: الهوامش

1- تعريف الهامش:

لم يكن أسلافنا العرب القدامى يعرفون نظام الهوامش، وإنما كانوا يعرفون نظام الحواشي - والحاشية عندهم هي البياض الذي يحيط النص أي المتن من الصفحة ويكون في أعلى الصفحة وأسفلها، وفي يسارها أو في يمينها[1]، والهامش يعني البياض الذي على يمين المتن من الصفحة غالبا أو على يساره أحيانا وقد يستخدم بعنوانات جانبية - أما الذيل فهو البياض الذي في أسفل الصفحة، ومنهم من لا يميز بينه وبين الهامش[2]، والغالبية الآن يطلقون على الذيل الهامش، والهامش مرتبط ارتباطا وثيقا بكتابة البحث، فهو ذو دلالة على قيمة البحث، ومنه تعرف أهمية المستندات ومقدار الثقة بالمحتوى، وهو اليوم جزء لا يتجزأ من البحوث الحديثة، على الباحث أن يفرق بين ما ينبغي أن يكتبه في المتن (صلب البحث أو

---

(1) ينظر مثلا حاشية الصبان على الأشموني على ألفية ابن مالك.
(2) ثريا ملحص: منهج البحوث العلمية للطلاب الجامعيين، المرجع السابق، ص16.

الرسالة أو الأطروحة) وبين حالات الكتابة في الهامش، فلا ينتقل بين المتن وبين الهامش انتقالا يخل بمنهجية الكتابة.

2- مضمونه:

يتضمن الهامش عادة، ما يلي:

أ- أسماء المصادر والمراجع التي اقتبس الباحث منها أو الإحالة إليها.

ب- الإحالات على صفحات البحث نفسه منعا من التكرار.

ج- الأمور الثانوية التي تقترب من الاستطراد.

د- بعض الشواهد التي تأتي في الدرجة الثانية.

هـ- شروح توضح خلفيات البحث وتسعف في تفهم أغراضه ومنها الشروح الزمانية والمكانية واللغوية، والتعريف بالأعلام والأحداث، والنزعات الفكرية والاجتماعية،، وغير ذلك.

3- فائدته:

يتضح فيما سبق أن الغاية من الهامش تجنب إدخال شيء في المتن يعبث بوحدته، أي الشرح والتوضيح وتقديم الأدلة والبراهين على ما يسوقه الباحث من أفكار واضعا أمام القارئ مستندات البحث ليراجعها إذا شاء، وليبين له كيف بنى بحثه، ولكن بعض الباحثين يغرقون في التهميش أو التعليق فيحشدون عشرات المصادر والمراجع للدلالة على سعة الاطلاع ومدى عنائهم في البحث والتقصي. مما يؤدي إلى إجهاد نظر القارئ بسبب كثرة انتقال نظر من المتن إلى الهامش وبالعكس،

وإلى خلط المصادر الأساسية بالثانوية وإثبات بعض النوافل، وليست غاية البحث الدلالة على كثرة ما يقرأ الباحث من المصادر والمراجع، وإنما هو استنباط من مجموع ما يقرأه قضايا جديدة وأفكار مستجدة، وإذا كان الباحث ينصح عادة بالتوسع في القراءة والمطالعة فليس للاستكثار من الهوامش، بل للاستفادة منها والإشارة إليها عند الضرورة وتقديمها على أنها مستندات ما يتوصل إليه من قضايا، ومواد البحث قسمان:

أ- قسم عام هو ملك لكل كاتب وقارئ وهذا لا يمكن رده إلى مصادر خاصة. نحو "بغداد عاصمة العراق" أو "بغداد تقع على نهر دجلة..".

ب- قسم خاص ينشأ من مصدر معين وهذا يجب الإشارة إليه.

وقد يجد بعض الباحثين إشارة إلى مصدر في مرجع حديث، فلا يكلف نفسه التحقق من صحة ما يشير إليه المصدر من ناحية الموضوع، ورقم الجزء وتحديد الصفحة فينقله دون مراجعة، وقد يكون صاحب المرجع المذكور قد أخطأ في ذكر المصدر أو في رقم الصفحة أو في غيره أو قد تحدث أخطاء طباعية في الخبر المنقول. فتكون النتيجة تكرار الأخطاء وغالبا ما يفضح أمر الناقل عن المرجع دون العودة إلى المصدر وخاصة إذا كان المصدر المنقول عنه نادرا جدا وعلى الباحث في مثل هذه الحالة التحقق من صحة ما يشير إليه المصدر، فإن لم يستطع، ذكر أنه استقى معلوماته عن المرجع الذي وردت فيه الإشارة.

4- كيفية كتابته:

تكتب الهوامش عـادة في ذيـل الصـفحة، ومـنهم مـن يجعلهـا في نهايـة الفصـل، أو في نهايـة البحث، وفي حال إثباتها في الذيل يجب الفصل بينها وبين المتن بخط عـريض يقطـع منتصـف الورقـة عموديا (وهذا هو المفضل) أو بمجال أبيض، وتكتب نصوصـه بحـرف أصغـر مـن حـرف المـتن وذلـك منتشر في الطباعة لا في الآلة الكاتبة. أما إذا طبع البحث بالآلة الكاتبة فـلا مجال للتمييـز بـين الحروف التي تطبع بها نصوص المتن والحروف التي تطبع بها الهوامش، وعندئذ يجب الفصل بخط عريض (خط أفقي يقطع المتن عن الهامش بشكل جزئي وليس كاملا) وعند ذكر المصـادر والمراجـع في الهوامش. نذكر اسم المؤلف كاملا دون قلب وعنوان الكتاب كاملا أو عنوان المقال أو الرسالة...، (اسم المحقق إن وجد، اسم الناشر، اسم المطبعة، رقم الطبعة، زمان النشر، ومكانـه)، ثـم الجـزء (إذا كان الكتاب مؤلفا من عدة أجزاء) فرقم الصفحة التي ورد فيها الاقتباس (إذا ورد المصـدر أو المرجـع وهو "المنهج الفرنسي").

أ- الأسلوب الثاني: لا يخصص فهرسا خاصا للمصادر والمراجع بل يكتفي بذكر معلومات النشر عندما تـرد لأول مرة في الكتاب وهو "المنهج الأنكلوسكسوني" أما نحن فنذكر معلومات النشر عنـدما تـرد لأول مرة في الكتاب مع تخصيص قائمة بالمصادر والمراجع، وهو المفضل، وفي الهـوامش نسـتخدم الأرقـام عادة، والإشارات نادرا وأكثر هذه الإشارات النجمة (*) والنجمتان (**) وعلامة الجمـع (+) وعلامـة الضرب (×) والمثلث (▲) والمربع (□). أما عند استخدام الأرقام التي

102

ننصح بها فإن هذه الأرقام ترد في المتن بين قوسين مدونة أعلى من السطر بقليل أي (بين السطرين) وليس بمستوى الكتابة، ويكون رقم الهامش بعد الشواهد والاقتباسات لا قبلها. على أن نكتب ما يقابلها في ذيل الصفحة (الهامش). أما أساليب الترقيم فهي:

1- ترقيم الإحالات ترقيما متسلسلا (1، 2، 3، 4، 5،...إلخ) ثم إيراد الهوامش في آخر البحث.

2- ترقيم الإحالات ترقيما متسلسلا ضمن الفصل الواحد وجعل الهوامش في نهاية الفصل.

3- جعل أرقام كل صفحة مستقلة عن أرقام الصفحة السابقة، فيبدأ بترقيم جديد (ابتداء من الرقم (1) عند الابتداء بصفحة جديدة).

4- جعل أرقام كل صفحة مستقلة عن أرقام الصفحة السابقة. فيبدأ بترقيم جديد (ابتداء من الرقم (1) عند الابتداء بصفحة جديدة).

5- جعل الأرقام متسلسلة ضمن الفصل الواحد، على أن تثبت في كل صفحة هوامشها.

ولا شك أن الأسلوب الأول والثاني يسهلان عمل الضارب على الآلة الكاتبة، ومن يقوم بإخراج البحث في المطبعة، لأن هذين لا يضطران مع هذين الأسلوبين إلى تقدير ما ستشغله الهوامش من مساحة لتركها بعد المتن ولا إلى تغيير أرقام الهوامش في حال اتباع الأسلوب الثالث، ولكن يضطر القارئ معه على

الانتقال من صفحة يقرأها إلى نهاية البحث (حسب الأسلوب الأول) أو إلى نهاية الفصل (حسب الأسلوب الثاني) كلما أثبت الباحث هامشا، وفي ذلك مشقة كبيرة لكثير من القراء يتضاءل معها الجهد الذي نوفره للضارب على الآلة الكاتبة أو للطابع في استخدام هذين الأسلوبين دون غيرهما، وعليه ينصح بعدم استخدامهما، أما الأسلوب الثالث الذي يثبت الهوامش في صفحاتها فرغم أنه يوفر مشقة الانتقال إلى نهاية الفصل أو إلى نهاية البحث كما رأينا في الأسلوبين الأولين فيضطرنا إلى تغيير الكثير من الأرقام بعد طباعة البحث بوساطة المطبعة أو الآلة الكاتبة ذلك أن الصفحة المطبوعة تحوى عادة أكثر مما تحويه الصفحة المكتوبة باليد فيتحول الرقم 1 في صفحة من الصفحات المكتوبة باليد إلى اثنين أو ثلاثة أو أربعة... في الصفحة المطبوعة، وقد يبقى كما هو، وأما الأسلوب الرابع فلا نضطر معه إلى هذا التغيير لكن أي خطأ في ترقيم الهوامش أو أية زيادة أو حذف فيها يؤدي إلى تغيير كل الأرقام التي تأتي بعد الخطأ أو الزيادة أو الحذف، وينصح الطالب باتباع الأسلوب الثالث في ترقيم هوامش بحثه على أن يستخدم القلم الرصاصي في كتابته الأرقام حتى إذا أصبح بشكله النهائي ولم يبق مجال للزيادة أو الحذف، أو التغيير فيستخدم القلم الجاف، ومهما يكن من أمر فإن الأسلوبين الأخيرين هما المتبعان عادة في كتابة البحوث التي تطبع بوساطة الآلة الكاتبة وفي الكتب التي تخرج من المطابع، وفيهما نكتب كل رقم من أرقام الإحالة على المصدر أو المرجع في سطر خاص من سطور الهامش تاركين سطرا أبيضا بعد كل سطر كتابة احتياطا لزيادة قد تطرأ.

104

وإذا كان الخبر المقتبس قد ورد في أكثر من مصدر أو مرجع فإننا نرتب المصادر والمراجع بحسب أقدمها أو أهميتها وفي هذه الحالة يحسن الفصل بينهما بفاصلة منقوطة (؛) أما إذا كانت المصادر لمؤلف واحد فيفصل بينها بفاصلة وحسب.

وإذا كرر المصدر أو المرجع في الصفحة نفسها أو غيرها دون أن يفصل بينهما كتاب آخر فإننا نستخدم المصطلح (م.ن) = (المصدر نفسه)، أما إذا جاء مكررا في صفحتين متتاليتين ويفصل بينهما كتاب آخر فإننا نستخدم المصطلح (م.س) = (المصدر أو المرجع السابق).

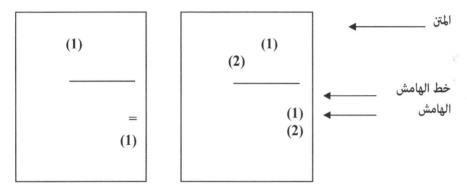

وإذا كان نص الهامش كبيرا، بحيث أن ذيل الصفحة لم يتسع له، نضع علامة المساواة (=) في آخر السطر الأخير من الذيل، ونكرره في أول السطر الأول من ذيل الصفحة التالية ثم نكمل النص، وتستعمل الطريقة نفسها، إذا كان الاقتباس من كتاب بلغة أجنبية فيستعمل الرمز (cp.cit) وهو اختصار (opere citato) ويعني (المشار إليه) للدلالة على المصدر السابق بعد الإشارة إلى اسم المؤلف، والرمز (Ibid) اختصارا لـ (Ibidem) ويعني (نفسه) دون ذكر اسم المؤلف إذا كانت الإشارتان متتاليتين، ولا فاصل بين الهامشين.

ثانيا : ثبت المصادر والمراجع:

1- المصدر والمرجع:

يميل بعض الباحثين المدققين إلى التمييز بين (المصدر) و(المرجع)، فالأول عندهم أشد ارتباطا بالأشياء الأساسية أو الأولية بالنسبة إلى موضوع البحث فإذا كان البحث يتناول مؤرخا من المؤرخين فإن مؤلفات هذا المؤرخ تعتبر من المصادر. أما ما كتب حولها يعتبر من المراجع، وإذا كان البحث يتناول ناحية من عصر معين فإن ما دون في هذا العصر أو ما وصلنا منه من مصنفات وآثار تعتبر مصادرا، في حين تسمى الكتب التي تناولته بالدراسة (مراجع).

فالمصدر إذا هو المستند الذي وصل إلينا من العصر ـ الذي ندرسه وقد يكون كتابا أو أثرا ظاهرا أو بناء شاخصا أو وثيقة مكتوبة... أما المرجع فكتاب كتب عن عصر ـ ما بعد انقضائه، وقد استقى مادته من مصادر مختلفة، وكلما كان المرجع أقرب إلى العصر الذي يتناوله اقترب من المصدر وكان أهم وأدق لأننا بشكل عام نأخذ من المراجع الآراء فقط أما المصادر فتمدنا بالحقائق والآراء معا، لذلك كلما اعتمد الباحث على المصدر جاء بحثه أفضل، وهناك كتب تعد مصادر ومراجع في الوقت نفسه فكتاب ابن الأثير(الكامل في التاريخ) مثلا الذي تناول فيه مؤلفه التاريخ من بدء الخليقة إلى سنة 622هــ1231م يعد "مصدرا" للتاريخ في السنوات الأخيرة من القرن السادس الهجري وفي الربع الأول من القرن السابع الهجري "ومرجعا" لكل ما سبق ذلك، ومعظم كتب التاريخ الواسعة كتاريخ الطبري والمسعودي وابن

106

خلدون من هذا الباب ومنهم من يستخدم مصطلح (المصدر) بمعناه الواسع ليجعله شاملا لكل ما كتب قبل عصر النهضة 1213هـ/1798م.

2- طريقة الترتيب:

إن المصادر والمراجع التي ثبتت في قائمة البحث أو الرسالة أو الأطروحة أو الكتاب هي التي اعتمد عليها الباحث واستشهد بها وذكرها، لذلك لا تـدون الكتـب التـي طالعهـا الباحث ولم يستشهد بها، فالثبت هو الجريدة أو القائمة أو المكتبة.

وهناك من يقسم ثبت المصادر والمراجع بحسب الأنواع:

الكتب الكريمة والمقدسة.

أولا: المصادر:

1- المصادر المخطوطة أو الوثائق.

2- المصادر المطبوعة.

ثانيا: المراجع:

1- المراجع العربية.

2- المراجع المعربة.

3- الرسائل الجامعية.

4- الدوريات:

أ- المجلات.   ب- الجرائد.

5- الوثائق الرسمية.

6- أحاديث إذاعية، مقابلات، محاضرات، مراسلات، ...إلخ.

ثالثا : المراجع الأجنبية:

ولكن كلما تشعب التقسيم صعبت العودة إلى المصادر والمراجع، لـذلك يجـب التقليـل مـن هذا التشعيب ما أمكننا ذلك، وبصورة عامة هناك أسلوبان:

1- وضع قائمة واحدة للمصادر والمراجع.

2- الفصل بين المصادر والمراجع كل على حدة، ويفضل اعتماد هذه الطريقـة في أبحـاث التـاريخ والجغرافيا، وفي الحالتين يجب فصل المؤلفات العربية عن المؤلفات الأجنبية التي يجب أن تدون بلغتها لا بتعريبها ويستحسن أن تدون قائمة المجلات والجرائد والوثائق مستقلة.

أما بالنسبة إلى الترتيب فهناك ثلاثة أساليب وفي جميعها عدم الأخذ بأل التعريف، أبو، ابن.

1- الترتيب بحسب حروف المعجـم (حـروف الهجـاء) الأولى لأسـماء المصادر والمراجـع وهـذا الأسلوب يتبعه بعض المؤلفين العرب وحجتهم أن أسماء الكتب أشهر من أسـماء مؤلفيهـا، وأن الإشارة إلى الكتاب أدل من الإشارة إلى كاتبه، والحروف الهجائيـة هـي (أ ب ت ث ج ح خ د ذ ر ز س ش ص ض ط ظ ع غ ف ق ك ل م ن هـ و ي).

2- الترتيب بحسب الحروف الهجائيـة الأولى لأسـماء المـؤلفين دون قلـب، وهـذا النظـام قليـل الاستعمال والاستخدام.

108

3- الترتيب بحسب الحروف الهجائية الأولى لأسماء المؤلفين مع القلب، وهذا الأسلوب قـد درج عليه معظم الباحثين المحدثين، ولعل من الأنسب اتباعه لأنه هو المتبـع عالميـا، ولأن شـهرة المؤلفين لا تقل عن شهرة مؤلفاتهم، زد على ذلك أننا لا نعرف عنوان بحث أكثر شهرة مـن كاتبه، وفي هذا الأسلوب نضع اسم المؤلف مقلوبا[1] أي اسم الشـهرة ثم فاصلة، ثم اسم الشخص[2] ثم الفاصلة فاسم الكتاب كاملا منتهيا بنقطة ثم اسم المحقق أو المعرب كـاملا (إن وجد ودون قلب) مختومـا بنقطة ثم رقم السلسلـة التي صـدر ضمنها الكتـاب إن وجدت ثم فاصلة، ثم المطبعة، ثم مكان النشر، ثم أخيرا تاريخ النشر ـ الهجري والميلادي مختوما بنقطة، وهكذا يكون تصميم ثبت الكتاب على النحو التالي:

الشهرة، اسم الشخص (تاريخ الوفاة): اسم الكتاب، اسم المحقق أو المعرب إن وجد دون قلب، السلسلة التي صدر ضمنها الكتاب إن وجدت، الطبعة، التاريخ، والأمثلة التطبيقيـة عـلى ذلـك نحو:

أولا: المصادر:

1- المصادر المخطوطة:

الأشج أبو سعيد عبد الـلـه بن سعيد الأشج الكندي الكوفي ت257هـ/870م.

---

(1) بعض المؤلفين العرب لا يقلبون اسم العلم.
(2) ويستحسن ذكر تاريخ وفاته إذا كان من القدماء، وبالتاريخ الهجري والميلادي.

1- كتاب الحديث.

المكتبة الظاهرية - دمشق. مجموع 10/18 سنة 548هـ/1153م.

2- المصادر المطبوعة:

ابن الأثير أبو الحسن علي بن أحمد بن أبي الكرم الجزري.

1- أسد الغابة في معرفة الصحابة.

ط القاهرة 1285- 1285هـ/1868-1870م.

ثانيا : المراجع:

العزاوي   د. عبد الرحمن حسين.

3- المسعودي مؤرخا.

منشورات اتحاد المؤرخين العرب. مط الجامعة – بغداد 1403هـ/1982م.

أما المقال فتصميم ثبته على النحو التالي:

الشهرة، اسم المؤلف: عنوان المقال بين مزدوجين. اسم المجلة أو الجريدة. مكان صدورها. المجلـد أو الجزء، العدد، التاريخ (كاملا).

أما الرسائل الجامعية، فتثبت كما يلي:

اسم الشهرة والاسم: عنوان الرسالة أو الأطروحـة. رسـالة ماجسـتير أو أطروحـة دكتوراه، والبعض يرتبها بحسب الوفيات وهذا يصلح مع القدماء وليس مع المحدثين.

110

ثالثا: الأيام والشهور

إن الأيام والشهور لها أهميتها في تدوين الحدث التاريخي، أو أي حدث ما، مع ضبطه كتقويم دقيق للوقائع، يستهل بأجزاء اليوم (أحيانا في التواريخ القديمة) واليوم والشهر والسنة.

1- الأيام:

ابتداء نقول أن: اليوم - هو زمن مقداره من شروق الشمس إلى تسليمها، واليوم - هو الوقت الحاضر قال تعالى: "اليوم أكملت لكم دينكم".

واليوم - في الفلك -: مقدار دوران الأرض حول محورها ومدته أربع وعشرون ساعة.

أما السنة: فهي مقدار قطع الشمس البروج الاثنى عشر وهي السنة الشمسية، والسنة- هي تمام اثنتي عشر دورة للقمر، وهي السنة القمرية، والسنة - جمعها - سنوات، وسنون. أما العام - فهو السنة، وجمعه أعوام، والحول - سنة واحدة.

* الأحد:

لقد ذكر ابن عساكر في تاريخه بسنده إلى ابن عباس قال: أول ما خلق الله الأحد فسماه الأحد وكانت العرب يسمونه الأول، وقال متأخرو أصحابنا: الصواب أن أول الأسبوع السبت وهو الذي في الشرح والروضة والمنهاج لحديث مسلم خلق الله التربة يوم السبت، والجبال يوم الأحد، والشجر يوم الاثنين، والمكروه يوم

الثلاثاء، والنور يوم الأربعاء، وبث فيها الدواب يوم الخميس، وخلق آدم بعد العصر ـ يوم الجمعة[1].

وقال ابن اسحق قول أهل التوراة ابتدأ الله الخلق يوم الأحد ويقول أهل الإنجيل يوم الاثنين، ونقول نحن المسلمين فيما انتهى إلينا عن رسول الله ﷺ يوم السبت، وروى ابن جرير عن السدي عن شيوخه: ابتدأ الله الخلق يوم الأحد واختاره، ومال إليه طائفة، قال ابن كثير وهو أشبه بلفظ الأحد ولهذا أكمل الخلق يوم الجمعة، فاتخذه المسلمون عيدهم، وهو اليوم الذي ضل عنه أهل الكتاب، قال: وأما حديث مسلم السابق ففيه غرابة شديدة لأن الأرض خلقت في أربعة أيام ثم السموات في يومين، وقد قال البخاري: قال بعضهم عن أبي هريرة عن كعب الأحبار وهو أصح.

(فائدة): يكره صوم يوم الأحد على انفراده، صرح به ابن يونس في (مختصر التنبيه).

(فائدة): يجمع على آحاد بالمد وإحاد بالكسر ووحود.

* الاثنين:

ذكر في (شرح المهذب) إن يوم الاثنين سمي به لأنه ثاني الأيام ويجمع على أثانين، وكانت العرب، تسميه أهون، الأهون، الهين: السهل والخفيف.

(1) عبد الرحمن بن محمد السيوطي، الشماريخ في علم التاريخ، نشره وقدمه. د. إبراهيم السامرائي، مطبعة أسعد، بغداد ـ 1391هـ/1971م، ص15-16.

وسئل الرسول الكريم ﷺ عن صوم يوم الاثنين فقال: "فيه ولدت وفيه أنزل علي" رواه مسلم، وروى الطبراني عن عاصم بن عدى قال: قدم النبي ﷺ المدينة يوم الاثنين، وروى ابن أبي الدنيا مثله عن فضالة بن عبيد.

* الثلاثاء:

الثلاثاء بالمد يجمع على ثلاثاوات وأثالث، وكانت العرب تسميه "جبارا"[1] من جبر - الجبار: الهدر وهو ما لا قصاص فيه ولا غرم: ذهب دمه جبارا.

* الأربعاء:

إن يوم الأربعاء ممدود مثلث الباء وجمعه أربعاوات وأرابيع، وكان اسمه عند العرب دبارا واشتهر على ألسنة الناس أنه المراد في قوله تعالى "يوم نحس مستمر"[2] ودبارا من دبر - أدبر: دخل في الدبور، وأدبر - سافر في دبار - يوم الأربعاء، ودبر الشيء.

والتشاؤم من قول الله تعالى (يوم نحس مستمر) خطأ فاحش لأن الله تعالى قال في "أيام نحسات"[3] وهي ثمانية فيلزم أن تكون الأيام كلها نحسات وإنما المراد نحس عليهم.

---

(1) جاء في الأيام والليالي والشهور "للفراء ص4: ويقال مضت الثلاثاء بما فيها، ومضى الثلاثاء بما فيه، يؤنث ويذكر.
(2) سورة القمر: آية 54.
(3) سورة فصلت: آية 41.

* الخميس:

إن يوم الخميس جمعه أخمسة وأخامس وأخاميس وخمس، وكانوا يسمونه مؤنسا[1] "من أنس - آنس - فلانا وإيناسا"، لاطفه وأزال وحشته فهو مؤنس وأنيس.

* الجمعة:

إن الجمعة يجمع على جمعات[2] وجمع وفي ميمها الضم والسكون وكانت تدعى العروبة. عرب - العروب - المرأة المتحببة إلى زوجها، وجمعه عرب، وفي التنزيل العزيز: "فجعلناهن أبكارا،عربا أترابا".

فالعروبة - العروب، ويوم العروبة: يوم الجمعة، وفي صحيح مسلم: "خير يوم طلعت فيه الشمس يوم الجمعة، فيه خلق آدم،وفيه أدخل الجنة، وفيه أخرج منها"، وفي رواية،" وفيه مات، وفيه تقوم الساعة، لا يوافقها عبد مسلم يسأل الله فيها شيئا إلا أعطاه"، وفي حديث عن الطبراني "أفضل الأيام الجمعة، وأفضل الليالي ليلة القدر، وأفضل الشهور رمضان "وفي حديث رواه البيهقي في شعب الإيمان، أنه كان يقول:" ليلة الجمعة ليلة غراء ويوم أزهر".

(فائدة): يكره أفراده بالصوم لأحاديث في ذلك في (الصحيحين) وغيرهما،وأما حديث البزاز ما أفطر ﷺ قط يوم الجمعة فضعيف[3].

(1) ينظر: القراء، الأيام والليالي والشهور، ص5.

(2) وكذلك جمع.

(3) السيوطي، الشماريخ في علم التاريخ، ص17.

* السبت:

إن يوم السبت يجمع على أسبت، وسبوت[1] وكـذلك يـدعى "شـيارا" ويكـره أفـراد بالصـوم، وشيارا: الحسن الجميل: وجمعه شوراء.

(فائدة): فإن قضية اليهود في السبت مشهورة، عندما غضب اللـه تعالى عليهم في يـوم مشـهود هـو يوم السبت.

(فائدة): روى أبو يعلى في مسنده عن ابن عباس قـال: يـوم الأحـد غـرس وبنـاء، ويـوم الاثنـين يـوم سفر،ويوم الثلاثاء يوم دم، ويوم الأربعاء يوم أخذ وعطاء، ويوم الخميس يوم دخول عـلى السـلطان، ويوم الجمعة يوم تزويج، ورأيت بخط الحافظ شرف الدين الدمياطي أبياتا ذكر أنها تعزى إلى الإمام علي بن أبي طالب ﷺ وهي هذه:

لنعم اليوم يوم السبت حقا ... لصيد إن أردت بلا امتراء
وفي الأحد البناء لأن فيـه ... تبد اللـه في خلق السمـاء
وفي الاثنين إن سافرت فيه ... فترجع بالنجاح و بالـثراء
وإن يرد الحجامة في الثلاثا ... ففي ساعاته هرق الدمـاء
وإن شرب امرؤ يوما دواء ... فنعم اليوم يوم الأربعـاء
وفي يوم الخميس قضاء حاج ... فإن اللـه يأذن بالقضـاء
وفي الجمعات تزويج وعرس ... ولذات الرجال مع النساء[2]

قال السيوطي: وفي نسبتها إلى الإمام علي بن أبي طالب ﷺ نظر.

---

(1) وكذلك أسبته.

(2) السيوطي، الشماريخ، ص18.

أما ساعات اليوم، فهي:

الكعبة	الذرور	العصر	الشاهد
التباشير	النزوع	الأصيل	الغسق
الفجر الأول	الضحى	الصبوب	العتمة
المعترض	الغزالة	الحدود	الموهن
الأسفار	الهاجرة	الغروب	القطع
	الزوال		الجوس
	الدلوك (الظهر)		

2- الشهور:

* شهر محرم (الحرام):

إن شهر (المحرم) يجمع على محرمات، ومحارم، ومحاريم، ومن العرب من يسميه مؤتمرا، والجمع: مآمر ومآمير، وفي الصحيح "أفضل الصوم بعد رمضان شهر الله المحرم"[1]. فالمؤتمر - مجتمع للتشاور والبحث في أمر ما.

* شهر صفر:

إن شهر (صفر) جمعه أصفار، قال ابن الأعرابي: والناس كلهم يصرفونه إلا أبا عبيدة فخرق الإجماع فمنع صرفه فقال للعلمية والتأنيث بمعنى الساعة، قال ثعلب: أن الأزمنة كلها ساعات، ومن العرب من يسميه ناجرا، وهو كل شهر في صميم الحر، واسم أطلق على كل من رجب وصفر، حين وقع كل منهما في الحر وكان التوقيت

---

(1) م.ن، ص18.

شمسيا، وصفر - الشهر الثاني من السنة القمرية، وصفر من الصفارة - ما ذوى من النبات فتغير إلى الصفرة، وكانوا يتشاءمون به، ولهذا ورد في الحديث ردا عليهم "لا عدوى ولا طيرة ولا صفر"[1].

* شهر ربيع (الأول):

قال الفراء: يقال الأول ردا على الشهر، والأولى ردا على ربيع، وفيه ولد نبينا الكريم ﷺ وهاجر، وتوفي، ومنهم من يسميه "خوانا"[2] والجمع أخونة، وخون - الشيء - نقصه، والخانة: المنزلة كخانة العشرات وخانة المئات.

الخوان - ما يؤكل عليه، وجمعه أخونة، وخون،وأخاوين.

والخوان - المبالغ في الخيانة بالإصرار عليها.

والخوان - يوم نفاذ الميرة.

والخوان - اسم شهر ربيع الأول.

* شهر ربيع الآخر:

ويسمى الآخر وبصان والجمع وبصانات[3]، وبص - وبصا - لمع وبرق أو كثر نبات الأرض.

* شهر جمادى الأولى:

(1) زاد الفراء: ص5: إنما سمي "صفرا" لأن العرب كانوا يهاجمون فيه الصفرية فيحتارون الطعام.

(2) ينظر: أبو الريحان محمد بن أحمد البيروني، الآثار الباقية عن القرون الخالية. ط القاهرة "ب، ت"، ص61.

(3) م.ن، وينظر أحمد بن علي الفزاري القلقشندي، صبح الأعشى في صناعة الإنشا، المطبعة الأميرية، القاهرة 1332هـ/1913م، 368/2-370.

إن شهر (جمادى) جمعه جماديات، قال الفراء: كـل الشـهور مـذكرة إلا جماديـن، نقول جمادى الأولى والآخرة ومنهم من يسمى الأولى "حنينا والجمع حنائن، وأحنة، وحنن، وحنـين حـن - حنينا - صوت، يقال: حنت الناقة: مدت صوتها شوقا إلى ولدها، والحنين - الشوق.

* شهر جمادى الآخرة:
والآخرة (ورنة) والجمع ورنات، ورن – تورن – أكثر من التدهن والتنعم.

* شهر رجب:
إن (رجب) جمعه أرجاب، ورجاب، ورجبات، ويقال له الأصل إذ لم يكن يسمع فيه قعقعة السلاح لتكريمهم له، والأصم - صم القارورة - سدها وصم - ذهب سمعه، وأصم صار أصم، ورجـب - يرجبون فيه النخيل.

* شهر شعبان:
إن (شعبان) جمعه شعابين، وشعبانات، ومنهم من يسميه وعلا، والجمع أوعال ووعلات، وعل - يعل وعلا - أشرف، أي توعل مصاعد الشرف.
وعل - الوعل - ذكر الأروى أي تيس الجبل.

وكان النبي ﷺ لا يصوم شهرا كاملا بعـد رمضـان سـواه، ويحـرم الصـوم إذا انتصـف إن لم يصله بما قبله.

* شهر رمضان المبارك:
إن (رمضان) مشتق من الرمضاء وهي شدة الحر، وجمعه رمضانات، وأرمضة، ورماض. قال النحاة: وشهر رمضان أفصح من ترك الشهر، روى ابن أبي

118

حاتم بسند ضعيف عن أبي هريرة قال: لا تقولوا رمضان فإنه من أسماء الله ولكن قولوا شهر رمضان، ومن العرب من يسميه ناتقا والجمع نواتق[1]. نتق الحيوان نتوقا - بطن وامتلأ شحما ولحما.

انتق الرجل - تزوج امرأة منتاقا.

رمضان - رمضت فيه الفصال من الحر.

رمض - حدد

رمض - الشيء - اشتد حره.

رمضت الأرض - اشتد عليها وقع الشمس.

* شهر شوال:

إن (شوال) جمعه شواويل، وشواول، وشوالات، وكان يسمى (عادلا) والجمع عوادل، وقد عقد النبي ﷺ على عائشة رضي الله عنها وتزوج بها فيه، وكانت عائشة رضي الله عنها تستحب النكاح فيه، وهو أول أشهر الحج.

عدل: مال

عدل – عدالة: عدلا.

* شهر ذو القعدة:

(ذو القعدة): في أوله الفتح أفصح، وجمعه ذوات القعدة، ويسمى هواعا، والجمع أهوعة، وهواعات[2].

هواع – هاع: خف وجزع.

(1) السيوطي - الشماريخ علم التاريخ - المصدر السابق - ص19.

(2) م.ن، ص20.

الهاع - رجل هاع: رجل حريص.

* شهر ذو الحجة:

في أوله الكسر أفصح، وجمعه ذوات الحجة وكان يسمى بركا والجمع بركات⁽¹⁾ بـرك، بـرك

البعير، بروكا: أناخ في موضوع فلزمه.

البرك من الرجال - البارك على الشيء.

(فائدة): أخرج ابن عساكر عن طريق الأصمعي قال: كان أبو عمـرو بـن العـلاء يقول:

إنما سمى المحرم لأن القتال محرم فيه.

وصفر لأن العرب كانت تنزل فيه بلادا يقال لها صفر.

وشهرا ربيع كانوا يربعون فيهما.

وجماديان كان يجمد فيهما الماء.

ورجب كانوا يرجبون فيه النخل.

وشعبان تشعبت فيه القبائل.

وشهر رمضان رمضت فيه الفصال من الحر.

وشوال شالت فيه الإبل.

وذو القعدة قعدوا عن القتال.

وذو الحجة كانوا يحجبون فيه.

هذه الفائدة عامة لا يليق بالباحث والكاتب والمؤرخ جهلها.

---

(1) م.ن.

رابعا: في حساب المسافات:

إن معرفة مقدار المسافة التي يقطعها المرء من مكان لآخر، ومـن مدينـة إلى أخـرى، مهمـة سواء أكان في حساب الزمن أم المكـان، وفي عمليـة التوثيـق والتـدوين التـاريخي، وقـد بـرع العـرب بذلك، نحو:

المرحلة: بريدان.

البريـد: أربعة فراسخ.

الفرسخ: ثلاثة أميال عباسية.

الميـل: ثلاثة آلاف وخمسمائة ذراع آدمي [1]. [وهو مـن رأس أطـول إصبع في اليـد، إلى نهايـة عظم المرفق (من ذراع الآدمي المعتدل الخلقة)..]

الذراع: 0.48م

فتكون المرحلة 1×2×4×3=.24

24×3500×0.48= 80.640كم

والبريـد   = 40.320كم.

والفرسخ   = 5.040كم.

والميـل   = 1.680كم.

خامسا : البحث عن المفردات العربية في المعاجم والقواميس اللغوية:

لا يستغني الباحث عن المعجم، إما لمعرفة معاني لفظـة، أو لشرحها، أو لمعرفـة رسـمها، أو طريقة نطقها، وإما للتحقق من صحة عبارة، أو لغير ذلك، ولا يستطيع

---

(1) مجلة التربية الإسلامية، العراق، العدد 12. السنة 23، بغداد 1402هـ/1981م.

أحد أن يجـد كلمـة (لفظـة) مـن الكلمـات إلا إذا عـرف مقـدما مادتها الأصلية، وكيفيـة اشتقاقها، فالذي يستخدم المعاجم العربية لا بد من أن يتقن:

1- تجريد الكلمة من الحروف الزائدة. فكلمة (علماء) نبحث عنها في المعجم تحت الأصل (ع ل م).

2- إرجاع الحروف اللينة إلى أصلها. فالألف في أية كلمة ثلاثية لا بد أن تكون منقلبة عن واو أو يـاء. فأصل (عدا).. (ع د و) وأصل (فتى).. (ف ت ي) والياء في (ميزان) منقلبـة عـن الـواو، وأصـلها (موزان)، وجذرها (وزن).

3- فك الإدغام. فالاسم (سم) نبحث عنها في المعجم في الأصل (س م م) والفعل (رد) في (ردد).

4- إعادة الحرف المحذوف، فأصل (أب: أ ب و) لأن مثناه (أبوان).

5- تحديد مدخل الكلمة.

والمعاجم العربية صنفت إلى عدة أساليب، كـل أسـلوب لـه مـنهج خـاص في الكشف عـن ألفاظه وهي:

1- قسم اتبع الأسلوب الصوتي وأسلوب التقليبات الخليلين[1]، هذين الأسلوبين ومعاجم هـذا القسـم رتبت على مخرج حروف الهجاء، لا عـلى وفـق الترتيب الألفبائي المعـروف اليـوم بـل بحسب الترتيب المخرجي (مخرج الأصوات) وفيها أيضا اتبع أسلوب التقليبات.

---

(1) نسبة إلى الخليل بن أحمد الفراهيدي البصري (ت 170هـ/786م).

فالمواد: ع ك ب - ع ب ك - ك ع ب - ك ب ع - ب ع ك - ب ك ع.

نجدها مجموعة في فصل واحد، أو (كتاب) واحد بحسب تسمية الخليل، وهو كتاب العين، وذلك لأن حرف العين أسبق الحرفين الأخيرين: الباء، والكاف، بحسب الترتيب المخرجي، وكذلك أعتمد فيها أسلوب الأبنية (باب الثنائي، باب الثلاثي الصحيح، باب الثلاثي المعتل..) فمعنى كلمة (واعد) مثلا في معاجم هذا القسم، ترد إلى جذرها (و ع د) ثم يفتش عنها في كتاب العين، لأن العين أسبق من الواو والدال بحسب الترتيب المخرجي، ومن أهم معاجم هذا القسم.

- كتاب العين - للخليل بن أحمد الفراهيدي البصري.

تحقيق عبد الله درويش - مط المجمع العلمي العراقي - بغداد 1387هـ/1967م.

2- قسم اتبع أسلوب القافية، ملغيا أسلوب الأبنية وأسلوب التقليبات ومرتبا الكلمات على وفق جذرها المعجمي مع مراعاة الحرف الأخير منها لا الحرف الأول، بعد تقسيم كل باب مبدئيا إلى ثمانية وعشرين فصلا على عدد حروف الهجاء العربية (ما عدا حرف الألف)، ومتبعا الترتيب الألفبائي المعروف اليوم بالترتيب المعجمي، فكلمة (واعد) مثلا نجدها في معاجم هذا القسم في باب الدال، فصل الواو، مادة (و ع د) ومن معاجم هذا القسم:

- تاج العروس من جواهر القاموس - للزبيدي[1]، محب الدين أبو الفيض محمد المرتضي بن الحسين الواسطي. منشورات مكتبة دار الحياة - بيروت 1380هـ/1960م. مثال - الحوليات مادة حول، فصل الحاء باب اللام.

- لسان العرب - لابن منظور، جمال الدين محمد بن مكرم.

منشورات دار صادر ودار بيروت للنشر - 1388هـ/1968م.

مثال - منهج المحيط - للفيروزاباذي، مجد الدين محمد بن يعقوب.

- الصحاح (تاح اللغة وصحاح العربية) - للجوهري، إسماعيل بن حماد.

تحقيق أحمد عبد الغفور العطار - دار العلم للملايين - بيروت 1400هـ/1979م مثال - المؤرخ، مادة ارخ.

3- قسم اتبع الأسلوب الألفبائي العادي مع أسلوب الجذر.

مثلا - كلمة (واعد) يعثر عليها في معاجيم هذا القسم في باب الواو، مادة (و ع د) وأهم معاجم هذا القسم:

- أساس البلاغة - للزمخشري، محمود بن عمر.

دار المعرفة - بيروت 1403هـ/1982م.

- المعجم الوسيط لمجمع اللغة العربية.

مط دار المعارف - القاهرة 1392هـ/1972م.

- محيط المحيط - لبطرس البستاني،

مكتبة لبنان - بيروت 1390هـ/1970م.

(1) وهناك - الزبيدي - أبو بكر محمد بن الحسن الأندلسي - صاحب كتاب - طبقات النحويين واللغويين. تحقيق محمد أبو الفضل إبراهيم، ط القاهرة (ب، ت).

سادسا: علامات الوقف أو الترقيم:

يستخدم المتحدث في أثناء كلامه أو حديثه بعض الحركات، مثل اليدوية، أو إشارات الوجه، أو التنويع في نبرات صوته، في سبيل دقة الدلالة وإجادة الترجمة عما يريد بيانه للسامع. كما يحتاج الباحث أو الكاتب إلى استخدام علامات الترقيم لتقوم بوظيفة ما يرنو له المتحدث.

إن الترقيم في الكتابة هو استخدام رموز اصطلاحية معينة بين الجمل، أو بين الكلمات، لتسهيل عملية الإفهام من قبل الكاتب، والفهم والقراءة من قبل القراء - وهو أشبه بإشارات المرور الضوئية - فإذا زالت، اضطربت عمليتي الكتابة والقراءة.

أما علامات الوقف.. فهي:

1- الفاصلة، أو الفصلة، أو الفارزة (،):

تدل على وقف قصير، واستخدامها يتعلق بالذوق أحيانا، ومواضعها، بين المعطوف والمعطوف عليه، وبين الجمل القصيرة التامة المعنى، وبين جملتين مرتبطتين بالمعنى والإعراب، وبين الشرط وجوابه، وبين القسم وجوابه، نحو: و الله، لأجتهدن، وغير ذلك.

2- الفاصلة المنقوطة، أو الفصلة المنقوطة، أو القاطعة (؛):

تدل على وقف متوسط، وتقع بين جملتين إحداهما سبب للأخرى نحو:

"اجتهد عمار اجتهادا حسنا؛ فسهر الليالي الطوال يدرس ويكتب؛ ولهذا نجح في امتحانه".

3- النقطة (.):

تدل على وقف تام، وتوضح في نهاية كل جملة تامة المعنى لا تحمل معنى التعجب أو الاستفهام، نحو.

(من نم لك، نم عليك.) (من نقل لك، نقل عنك.)

4- النقطتان (:):

تدل على وقف متوسط، وتوضعان: بين القول ومقوله، وقبل المنقول، أو المقتبس، وبين الشيء وأقسامه، وقبل التمثيل، وقبل التفسير، وغير ذلك.

5- علامة الحذف أو الثلاث نقط (...):

تستعمل للدلالة على كلام محذوف.

6- علامة الاستفهام (؟):

توضع في نهاية كل جملة استفهامية.

7- علامة التعجب، أو علامة التأثر (!):

توضع في نهاية الجمل التي تعبر عن التعجب، أو التحذير أو الإغراء، أو الحزن، أو الاستغاثة، أو الفرح، أو الدعاء.

وقد تجتمع علامتا (الاستفهام والتعجب) وغالبا ما يكون ذلك بعد الاستفهام الإنكاري.

نحو: (ومن يحب الوطن أكثر من أبنائه؟!)

8- الشرطة أو الشارحة أو الخط (-):

وهي توضع في أول الجملة المعترضة، وآخرها، وبين العدد والمعدود، ولفصل كلام المتحاورين.

9- القوسان ( ):

يوضعان لحصر: الكلمات المفسرة، وألفاظ الاحتراس، والعبارات التي يراد لفت النظر إليها.

10- المزدوجان أو علامة التنصيص "   ":

يستعملان لنقل جملة بنصها.

11- القوسان المعقوفان [   ]:

يستعملان لحصر كلام الكاتب عندما يكون في معرض نقل كلام لغيره بنصه.

12- القوسان المزهران ﴿   ﴾:

يستخدمان لحصر الآيات القرآنية الكريمة.

13- علامة التابعية =:

هي شرطتان متوازيتان توضعان في آخر ذيل الصفحة إذا لم يكتمل نص الحاشية (الهامش)، كما يوضع مثلها في أول ذيل أو حاشية (هامش) الصفحة التالية، إشارة إلى أن ما يبدأ به ذيل هذه الصفحة تابع لما كتب في ذيل الصفحة السابقة.

127

الخاتمـة

بسم اللـه، وعلى بركة اللـه، ورضا الوالدين. تم إنجاز هذا الجهد المتواضع وهذا العمل، لنقدمه للباحثين وللطلبة على حد سواء. ليكون عونا لهم في إعداد دراساتهم وإنجاز بحوثهم، وذلك لما لمسناه – خـلال عملنا الأكاديمي في الجامعـات – مـن حاجـة ملحة لمثل هـذه المصنفات التي تسعفهم في أعمالهم ومشاريعهم العلمية. حيث يجد الباحث والطالب فيه ضـالته، وينجيـه مـن الوقوع في حالات الخلل والأخطاء والالتباسات، بل ويجنبه الهنات والهفوات.

وقد أظهرت الدراسة:

1- أهمية الميزات والمواصفات والشروط التي يفترض أن تتوافر في الباحـث المنصـف النـاجح. ليكون نهجه واضحا وعمله سليما.

2- إن مشاريع الدراسات العليا، وإعداد البحوث لها فوائدها المعنوية والمادية علـى مسـتوى الـذات والمجتمع حاضرا ومستقبلا.

3- إن البحوث تعد من الوسائل الأساسية لدراسة الظواهر والمشاكل التي تواجـه المجتمع وتقـديم الحلول والمقترحات والتوصيات بشأنها لتساعد صانع القرار في اتخاذ اللازم الصحيح لمعالجتها.

4- دعم نتائج هذه البحوث والمشاريع المنجزة لخطط التنميـة العلميـة والاقتصـادية والاجتماعيـة وغيرها للبلد الواحد والأمة الواحدة.

5- إن الوثائق مهمة للباحث، ومتى توافرت له هذه الوثائق، أبدع في بحثه، وقيل (لا تاريخ بدون وثائق) وهذا يدلل على أهمية هذه الوثائق في الكتابة البحثية وإنجازها بالشكل الصحيح..

والدعوة للجهات ذات العلاقة لتسهيل مهمة الباحثين في الاطلاع عليها وكشفها وعدم حجبها وأحيانا كثيرة سجنها عنهم.

6- العناية الفائقة بالمخطوطات العربية الإسلامية من خلال صيانتها ودراستها وتحقيقها لتكون في متناول المختصين والمطلعين.

والدعوة للمنظمات والمؤسسات الدولية والمحلية ذات العلاقة الوطيدة في الثقافة والعلوم والفنون العناية بهذه المخطوطات المنتشرة في بقاع الأرض مشارقها ومغاربها، وخاصة في الدول التي كان لها يوما الهيمنة والتسلط على الأمة، إذ علمنا أن عددها يتجاوز الآلاف بل الملايين، وهي شاملة في العلوم والفنون وضروب المعرفة كافة، وفي أضعف الحالات تصنيفها (بيلوغرافيا) وطبع هذه المصنفات لفائدة الحالمين العالمين بأهميتها.

هذه بعض النتائج والتوصيات التي رغبت بها ختم بحثي هـذا، وإن كنت لا أدعي لـه التمام، والكمال، فذلك أمر بعيد المنال، ولكن بالله تعالى المستعان، عليه توكلت وإليه أنيب، ومنـه العون والفلاح والنجاح.

ثبت المصادر والمراجع

- القرآن الكريم (بدون ترقيم).

أولا: المصادر المطبوعة:

2- البيروني، أبو الريحان محمد بن أحمد، الآثار الباقية عن القرون الخالية، ط القاهرة (ب.ت).

3- الجوهري، إسماعيل بن حماد، الصحاح تاريخ اللغة وصحاح العربية، تحقيق أحمد عبد الغفور عطار، مطبعة دار الكتاب العربي- القاهرة 1376هـ /1956م.

4- الخطيب البغدادي، أبو بكر أحمد بن علي، تاريخ بغداد أو مدينة السلام، مطبعة السعادة- القاهرة 1349هـ/1931م.

5- الزبيدي، أبو بكر محمد بن حسن الأندلسي، طبقات النحويين واللغويين، تحقيق محمد أبو الفضل إبراهيم، ط القاهرة (ب.ت).

6- السيوطي، عبد الرحمن بن محمد، الشماريخ في علم التاريخ، نشره وقدمه د. إبراهيم السامرائي، مط أسعد، بغداد 1391هـ/1971م.

7- الصابئي، هلال بن المحسن، رسوم دار الخلافة، تحقيق ميخائيل عواد، مط العاني، بغداد 1383هـ/1964م.

8- الطبري، أبو جعفر محمد بن جرير، تاريخ الرسل والملوك، تحقيق محمد أبو الفضل إبراهيم، مط دار المعارف، القاهرة 1380هـ/1960م.

9- الفراء، أبا علي، الأيام والليالي والشهور، ط القاهرة (ب.ت).

10- القلقشندي، أحمد بن علي الفزاري، صبح الأعشى في صناعة الإنشا، مط الأميرية، القاهرة 1332هـ/1913م.

11- ابن منظور، جمال الدين محمد بن مكرم، لسان العرب، مط الأميرية، القاهرة 1300-1308هـ/1882-1890م.

ثانيا: المراجع العربية

1- أحمد بدر ، أصول البحث العلمي ومناهجه، ط2 وكالة المطبوعات – الكويت 1395هـ/1975م.

2- د. عبد الرحمن بدوي ، مناهج البحث العلمي، وكالة المطبوعات، الكويت 1398هـ/1977م.

3- برجستر أسر، أصول نقد النصوص ونشر الكتب، د. محمد حمدي البكري، القاهرة 1379هـ/1969م.

4- عبد الستار الحلوجي، المخطط العربي منذ نشأته إلى آخر ق 4هـ مطابع جامعة الإمام عمر بن سعود الإسلامية، الرياض 1398هـ/1978م.

5- أسد رستم، مصطلح التاريخ، ط3 المطبعة المصرية، بيروت 1375هـ/1955م.

6- د. أحمد الشلبي، كيف تكتب بحثا أو رسالة، مكتبة النهضة، القاهرة 1397هـ/1976م.

7- د. علي جواد الطاهر، منهج البحث الأدبي، ط3 مط أسعد، بغداد 1396هـ/1976م.

8- د. رمضان عبد التواب، مناهج تحقيق التراث بين القدامى والمحدثين، ط مكتبة الخانجي، القاهرة 1406هـ/1986م.

9- د. عبد الرحمن حسين العزاوي، التاريخ والمؤرخون، وزارة الثقافة والإعلام، مط دار الشؤون الثقافية العامة، بغداد 1414هـ/1993م.

- الطبري السيرة والتاريخ، وزارة الثقافة والإعلام، مط دار الشؤون الثقافية العامة، بغداد 1410هـ/1989م.

10- د. عبد الرحمن حسين العزاوي، د. محسن محمد حسين، منهج البحث التاريخي، جامعة بغداد، مط دار الحكمة، بغداد 1412هـ/1992م.

11- حلمي محمد فودة، وعبد الرحمن صالح عبد الله، المرشد في كتابة البحوث، دار الفكر، عمان – الأردن 1395هـ/1975م.

12- د. عبد الله فياض، التاريخ فكرة ومنهجا، ط بغداد 1393هـ/1972م.

13- عامر إبراهيم قندلجي، البحث العلمي (دليل الطالب في الكتابة والمكتبة والبحث)، مط عصام، بغداد 1400هـ/1979م.

135

- **دليل كتابة البحوث والتقارير**، دار الحرية للطباعة، بغداد 1407هـ/1986م.

14- د. نوري حمودي القيسي، **منهج تحقيق النصوص ونشرها**، مط المعارف، بغداد 1396هـ/1975م.

15- ثريا عبد الفتاح ملحس، **مناهج البحوث العلمية للطلاب الجامعيين**، دار الكتاب اللبناني، بيروت 1380هـ/1960م.

16- صلاح الدين المنجد، **قواعد فهرسة المخطوطات العربية**، ط1 بيروت 1394هـ/1973م.

17- أحمد حافظ نجم، **دليل الباحث**، دار المريخ، السعودية 1409هـ-1988م.

18- د. عبد السلام هارون، **تحقيق النصوص ونشرها**، ط2 القاهرة (ب.ت).

19- إيميل يعقوب، **كيف تكتب بحثا**، ط طرابلس، لبنان 1407هـ/1986م.

ثالثا: الرسائل الجامعية

1- عبد الرحمن حسين العزاوي، **مناهج المؤرخين العراقيين في العصر العباسي الثالث**، رسالة ماجستير، مخطوطة، جامعة القاهرة-كلية دار العلوم 1399هـ/1979م.

رابعا: الدوريات (المجلات)

1-   مهدي صالح السامرائي، أخلاق العلماء العرب المسلمين، مجلة دراسات للأجيال، العـدد 2،
        بغداد 1408هـ/1987م.

2-   مجلة، مجلة التربية الإسلامية، العراق، العدد 12، بغداد 1402هـ/1981م.

خامسا: المراجع المعربة

1- فرانز روزنثال، مناهج العلماء المسلمين في البحث العلمي، تعريب د. أنيس فريحـة، مـط
      دار الثقافة، بيروت 1381هـ/1961م.